はじめてさんでもおしゃれに作れる

子ども服の教科書

清松加奈子

新星出版社

Contents

作品紹介ページ ／ つくりかたページ

Lesson 1
はじめてのこども服づくり

Lesson 2
パパ・ママ服を
おしゃれなこども服にリメイク！

はじめに

10年ほど前、デザイナーとして
忙しく働いていた私は、
出産、子育てをきっかけに、
子ども服のリメイクやソーイングに
熱中するようになりました。
その延長で、お裁縫ビギナーの人たちにも
ものづくりの楽しさを伝えたいと
手縫い教室やリメイクレッスンを
はじめたのです。

手づくりしたいけど、
何からはじめたらいいかわからない！
そんな教室で聞いたたくさんの声から
この本は生まれました。

「ほとんど縫わない」でできるパンツからはじめる
レッスン1、リメイクで手づくりの楽しさ
を実感いただくレッスン2、レッスン3～4では
型紙を使ったお仕立て服をお教えします。
1冊分作りおえる頃には、
たいていの服が作れるテクニックが
しっかり身につくように構成しました。

1手順ずつ写真で紹介していますので
はじめての方も、写真を追いながら手を動かせば
必ずかわいい子ども服が完成しますよ！
手づくりの楽しさ、よろこびをぜひ感じてください。
そして、創造力を発揮して
あなたらしいリメイク・ソーイングを
見つけていただきたいです！

清松加奈子

さらに！

『子ども服の教科書』を120%
活用するための極意を
最初にお伝えします！

Lesson 4
のアイテムは

型紙《パターン》が共通だから

パーツの入れ替え＆アレンジが自由自在！

レッスン4は着丈、そで、えりぐりなど、それぞれのパーツの入れ替えや
アレンジが、とってもかんたん。ひと通り作った後も、
さまざまな組み合わせでデザインバリエーションが楽しめますよ。

きほんのスモック

全体を
アレンジして
おしゃれ着に！

おでかけワンピース

前ボタン
デザインに
変更！

前ボタンワンピース

そでを
フレンチスリーブに
入れ替え！

フレンチスリーブ
ブラウス
ワンピース

着丈をアレンジして
ワンピースに！

そでを取って
ワンピースに！

ノースリーブワンピース

そでを
七分に入れ替え！

七分そでブラウス

例えば…
おでかけワンピース

そでの
アレンジで！

こんな
アレンジも！

＊パーツの入れ替えや、アレンジをする場合、
布の量は87ページを参考に用意してください

Lesson 1

はじめてのこども服づくり

A

てぬぐいパンツ

タイパンツ

つくりかた 40 ページ

縫う部分は最小限だけど
仕上がりはとってもおしゃれ！
ウエストはひもで結ぶので
サイズ対応も柔軟です。

B

てぬぐいパンツ

ショートパンツ

つくりかた 42 ページ

C

てぬぐいパンツ

かぼちゃパンツ

つくりかた 43ページ

てぬぐいなので布端処理も
不要の楽ちんパンツ。
ウエストゴムだとショートパンツ、
すそにもゴムを入れれば、
かぼちゃパンツに！

D

ハンカチスカート

つくりかた 44ページ

かわいい花柄のハンカチを
スカートに仕立てました。
タンスで眠っている
バンダナやスカーフ、
何でも素材になりますよ。

Lesson 2

パパ・ママ服を
おしゃれなこども服にリメイク！

E

スウェットリメイク
ケープ／スカート／パンツ

つくりかた 52 ページ

大人のスウェットから、ケープ、パンツ、
そしてスカートの３アイテムが作れます。
スウェットは切りっぱなしでも
OKなので、気軽に仕立てられます。

F

タートルニットリメイク

ニットワンピース

つくりかた *56* ページ

シンプルなタートルニットが
半そでのニットワンピースに。
胸元にリボン飾りをプラスして
キュートなおしゃれ着に仕上げました。

G

Yシャツリメイク

ノーカラータックワンピース

つくりかた 59ページ

よくあるパパのYシャツを
ひねりの効いたシックなワンピにリデザイン。
丈の長さはリボンの簡易ベルトを結んで、
ラクラク調整！

H

カウチンニットリメイク

ニットジレ

つくりかた 62 ページ

一目ぼれで買ったけれどタンスの
肥やしになったニットアウターを
思い切って子ども服にリメイク！
そでをはずして、ニットジレに。
今風のオーバーサイズ感もかわいい。

I

ネルシャツリメイク

ベスト

つくりかた 64 ページ

そでとえりぐりをカットして
シャツをベストに。

J

ニットリメイク

ふわふわショートパンツ

つくりかた 66 ページ

やわらかな化繊ニットは
身頃部分を使って、
ショートパンツに。

Lesson 3

はじめてでもできるパンツレッスン

K

きほんのパンツ

つくりかた 76 ページ

かんたんなのにシルエットがきれいな、
きほんのパンツ。
ユニセックスのデザインなので
使う色柄でどんな雰囲気にもなります。

布(グレー):fabric bird

ワイドパンツ

つくりかた 80ページ

ゆったり幅のおしゃれなパンツ。
起毛生地の秋冬仕様ですが、
リネンで作れば春夏にぴったりの
涼しげなパンツに。

布：fabric bird

M

ショートパンツ

つくりかた 82 ページ

コーディネートしやすい
ショートパンツです。
冬には厚手のタイツとの
コーディネートがおすすめ！

布（マスタード）：CHECK&STRIPE
布（青）：fabric bird

N

ふんわりキュロット

つくりかた 84ページ

ショートパンツの型紙をアレンジ！
ひらりと広がるすそがキュートなキュロットです。

布：fabric bird

Lesson 4

パターンのバリエーションでできる！
かわいいふだん着とおしゃれ着

きほんのスモック

つくりかた 88 ページ

頭からすっぽりかぶれるから
いろんな場面で重宝間違いなしのスモック。
ロング丈は無地のリネン、ショート丈は
２種類のコットンを使って仕立てました。

布（白）：fabric bird
布（ギンガムチェック、薄緑）：CHECK&STRIPE

P

フレンチスリーブ

ブラウス／ワンピース

つくりかた 91ページ

えりぐりがゴム仕様なので、
脱ぎ着も一瞬！
着丈の調整で、ブラウスにも
ワンピースにもなります。

布(白)：fabric bird

Q

ノースリーブのリボンワンピース

つくりかた 94 ページ

スモックの身頃のパターンを使って
真夏にぴったりの涼し気なワンピースはいかが。
両肩のリボンがポイントです。

R

七分そでブラウス

つくりかた 96 ページ

ボトムと同じ布で仕立てれば、
シックなセットアップに！
女の子はキュロット（⇒p.20）との
男の子はショートパンツ（⇒p.19）との
コーディネートがおすすめです。

布：fabric bird

S

前ボタンワンピース

つくりかた 100 ページ

ボタンをあけて羽織もののように
着てもかわいいです。

布：CHECK&STRIPE

T

おでかけワンピース

つくりかた 105 ページ

思いっきりおすましして着せたい
ギャザーたっぷりのワンピース。
発表会や受験などフォーマルな
シーンにも活躍しそう！

布（ダークネイビー）：CHECK&STRIPE

U

えりなしギャザーワンピース

つくりかた 109ページ

おでかけワンピース（⇒p.29）を少し
ドレスダウンした、えりなしデザイン。
さらっとしたリネンかコットンで
仕立てるのがおすすめです。

Lesson 1

はじめての
こども服づくり

はじめてさんでもかんたんに、
絶対にかわいくできる
てぬぐい、ハンカチを使って作る子ども服から
レッスンをはじめましょう。
おぼえておくと便利な用語、きほんの縫い方も
ここでおさえて！

＊手順写真では、見やすい色の糸を使っています。
制作する際は、布色に近い糸を使いましょう。

きほんの道具

手縫い針

ミシン針

【 針 】

手縫いでは「手縫い針」、ミシンでは「ミシン針」を使用します。針は布地の厚み、糸に合わせて替えます。薄地〜普通地の手縫いには「四ノ三」、ミシンには「9番」がおすすめです。手縫い針は長さも種類があるので、自分の手に合うものを使うとよいでしょう。

【 まち針 】

布を縫い合わせる前に仮どめしたり、目印にしたりします。頭がアイロンの熱につよいガラス製のものがおすすめです。

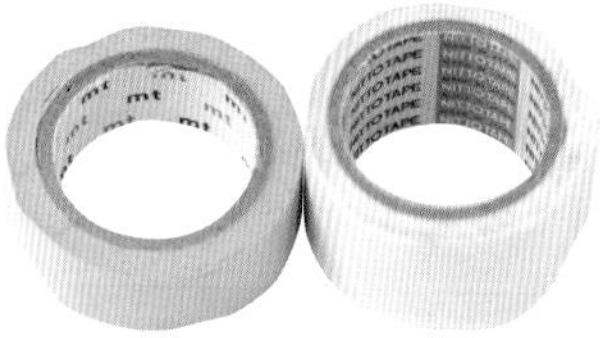

【 マスキングテープ 】

本書では、布やミシンに目印をつけるのに使います。特にリメイクでは、裁ち位置の印つけに使用します。裁った布端のほつれどめとしても優秀で、一石二鳥の活躍をします。

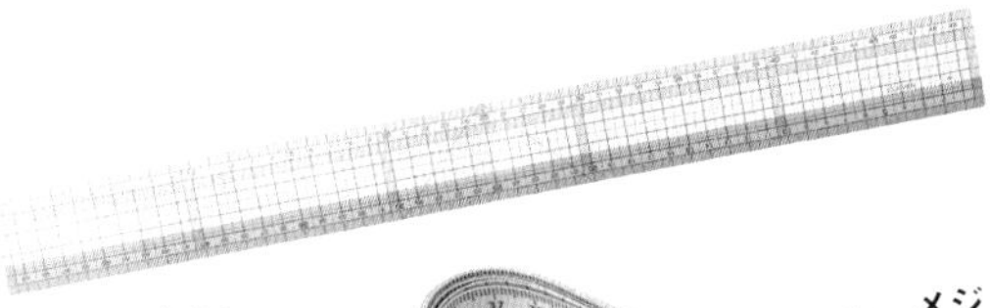

定規

メジャー

【 定規＆メジャー 】

寸法や布の裁断のときには定規を、子どものサイズや布の長さを測るときにはメジャーを使います。方眼がついた手芸用定規（30または50cm）があると便利です。

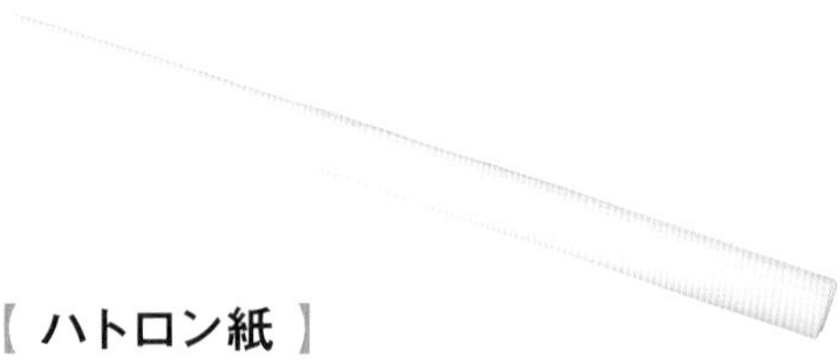

【 ハトロン紙 】

実物大型紙を写す紙です。写す際は、ザラザラした面に書きましょう。手芸用品店などで購入できます。線がゆがまずに書けるので、折り目がないロールタイプがおすすめです。

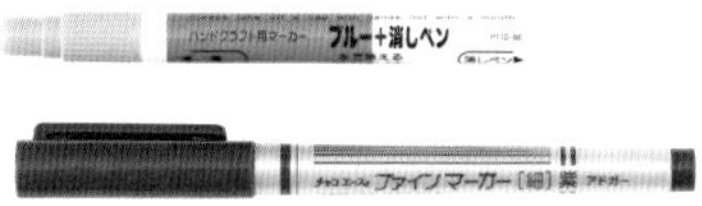

ペン

チョーク

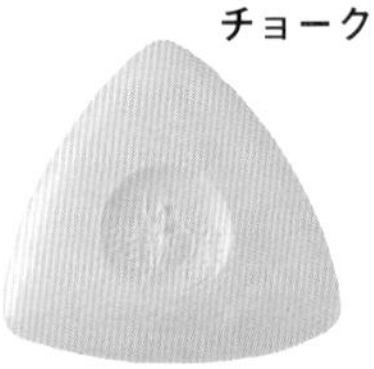

【 チャコペン 】

型紙から布に印をつけたり、寸法を測って印をつけたりするのに使います。チョーク、えんぴつ、ペンなどがあり、種類によって消えかたも異なります。色づきがよいチョーク、またはペンがおすすめです。

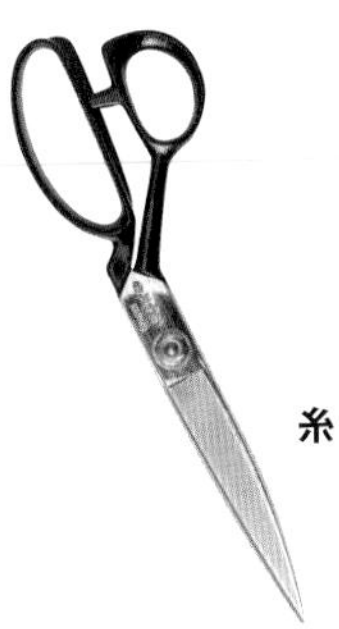

裁ちばさみ

糸切りはさみ

【 はさみ 】

布を切る専用の裁ちばさみ、糸を切るときの糸切りばさみがあるといいでしょう。裁ちばさみは布以外のものを切ると、とたんに切れ味が悪くなるので注意！　型紙は工作用はさみで切りましょう。

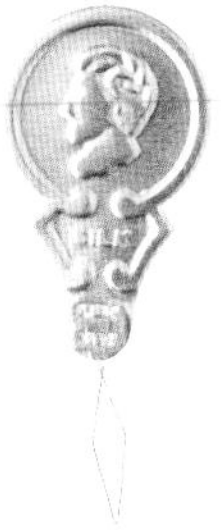

【 糸通し 】

針に糸を通すときに使います。なくても構いませんが、あると糸端を気にせずに、スムーズに糸通しができます。

【 アイロン＆アイロン台 】

端の処理で三つ折りするときなど、ていねいな仕上がりを目指すならアイロンは欠かせません。アイロンを使う際は、必ずアイロン台の上で作業しましょう。スチームのないアイロンの場合、霧吹きも用意します。

【 ゴム通し 】

ウエストやそで口、えりぐりにゴムやひもを通すときに使います。専用の道具がなくても、安全ピンで代用できます。ゴムの端に安全ピンをとめて通すとスムーズです。

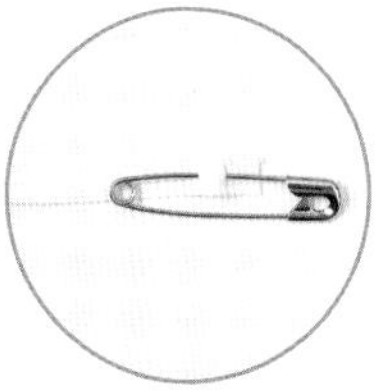

安全ピン

Check!

糸について

手縫い糸

ミシン糸

手縫いのときは「手縫い糸」、ミシンのときは「ミシン糸」を使うのがきほん。左よりで作られているミシン糸は、手縫いで使うとよじれやすいからです。糸の素材は綿、ポリエステルなどさまざまなので、布の種類に合わせて使い分けます。縫い糸は布地に近い色を選びましょう。

Idea

三つ折りには手づくり定規が便利！

服づくりの手順には、布端を2度折る「三つ折り」という端処理がたびたび出てきます。専用の定規を用意しておくととても便利。厚紙を幅5cm×長さ20cmに切り、三つ折りによく出てくる寸法0.5／1／1.5／2cmの線を書くだけで完成です。

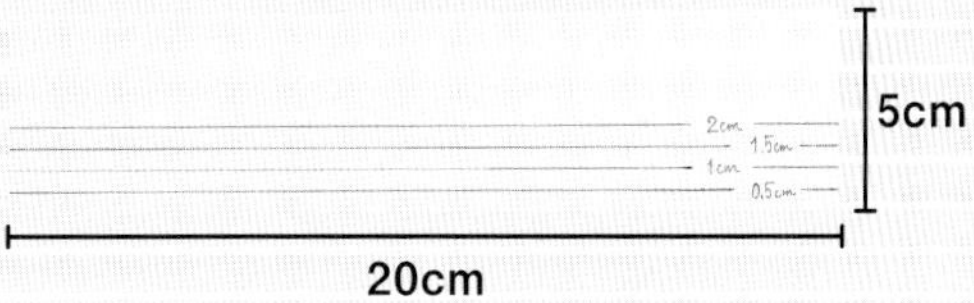

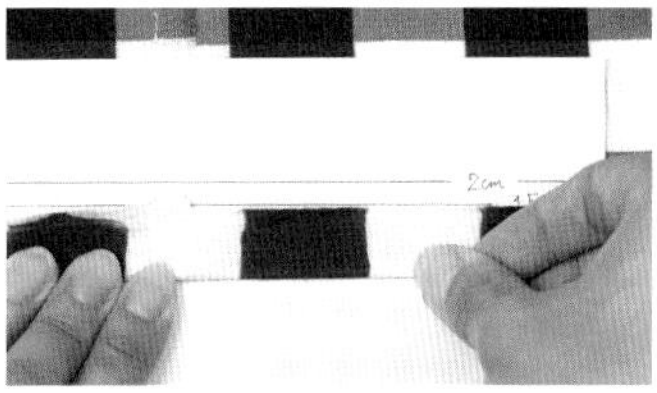

定規を布にのせ、布端を折りたい幅の分だけ定規にかぶせて折り跡をつける。

サイズについて

この本の*Lesson 1～2*で紹介している作品は、フリーサイズです。*Lesson 3～4*で紹介している作品は、サイズ90、100、110の3サイズで作れます。お子さまのサイズに合わせて、参考サイズ表と作品の仕上がりサイズを参考に型紙を選びましょう。
着丈やパンツ丈は、お子さまのサイズに合わせて、型紙を短くしたり、長くしたりすることで調節できます。

＊材料のゴムテープの長さは目安です。
お子さまの実際のウエストサイズ（おへその位置）から、－3cmをゴム寸法の目安として調節してください

参考サイズ表　(cm)

	サイズ90 2歳ごろ	サイズ100 3～4歳ごろ	サイズ110 4～5歳ごろ
身長	90	100	110
バスト	51	54	58
ウエスト	48	51	53
ヒップ	52	58	61

洋服のパーツ名

【ワンピース】

【ズボン】

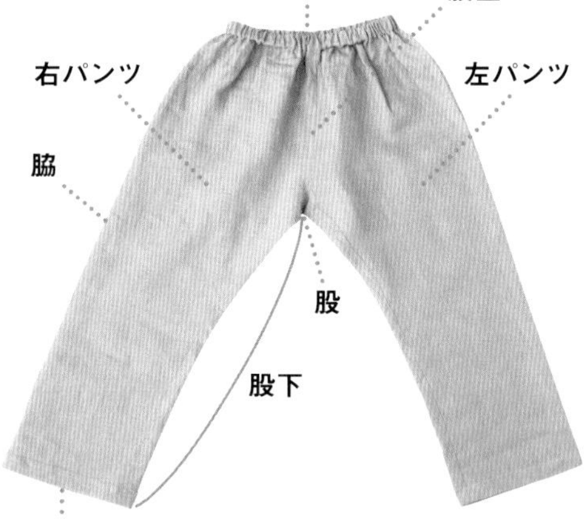

この本でよく出てくる用語

【 合印 】
布地同士を合わせる位置を示す印。裁断する際に、チャコペンなどでつけます。

【 後ろ中心 】
作品の後ろ（背中）側の中心になる部分。合印をつけたりします。

【 返し針 】
布を縫う際に、ひと針分針を戻して重ね縫いすること。縫い目の補強になります。

【 ギャザー 】
布を縫い、糸を引き絞って寄せるひだのこと。

【 きわ 】
布の端から0.2cmくらいのところを指します。

【 ぐし縫い 】
細かい並縫いのことで、ギャザーを寄せるときに使います。

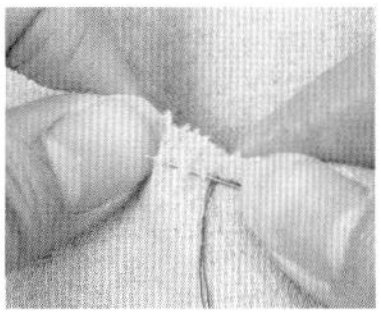
針先だけ動かして3～4針を1度に縫います。

【 仕上がり線 】
作品の仕上がりとなる線。きほん的には布を縫う位置になります。

【 外表 】
布の表が外側になるようにして、2枚の布を合わせること。

【 裁ち合わせ図 】
作品の型紙を配置し、裁つときの目安にする図。

【 たて地 】
布のたて糸の方向。たて糸はハリが強いので、布が伸びにくい。

【 中表 】
布の表が内側になるようにして、2枚の布を合わせること。

【 縫い代 】
仕上がり線と縫い代線（裁ち線）の間。布同士を縫い合わせる際に必要な端の部分です。

【 縫い代を割る 】
布を縫い合わせた際に、重なった縫い代を縫い目の位置で左右に開く処理のことです。

アイロンで押さえながら開く。

【 布目 】
たて糸とよこ糸からなる布の織り目のこと。

【 布目線 】
たて糸の方向（たて地）を表す矢印。型紙や裁ち方図にも示されているので、裁断のときは矢印の方向をたて地に合わせます。

【 バイアス 】
布の織り目に対して、ななめ方向のこと。布地が伸びやすい方向です。

【 二つ折り 】
2枚重なる状態に布を折ること。半分に折るという意味もあります。

【 前中心 】
作品の前（お腹）側の中心になる部分。合印をつけたりします。

【 見返し 】
えりぐりや、前開きの身頃の裏にくるパーツ。布端が表に見えないようにしたり、補強したりします。

【 身頃 】
胴体をおおうパーツのこと。前側を「前身頃」、後ろ側を「後ろ身頃」といいます。

【 三つ折り 】
縫い代を2回折り、布が3枚重なる折りかた。そでやすそなど、縫い代の仕上げによく登場します。

よく登場する三つ折りの処理

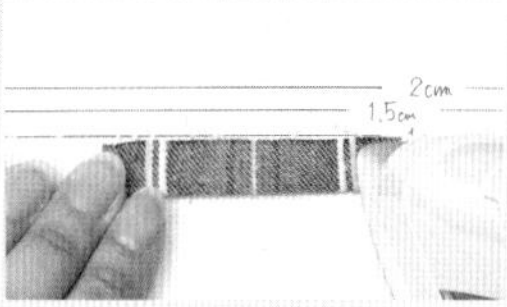

❶指定の幅で布端を折る。アイロンで押さえるときれい。

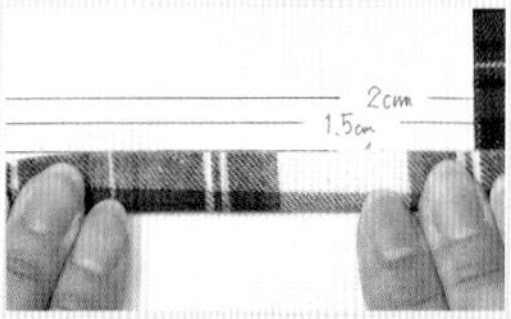

❷さらに指定の幅で折り込む。

❸折り端のきわを縫う。

【 耳 】
布のたて地の両端のこと。

【 よこ地 】
布のよこ糸の方向。たて地に比べて布が伸びやすい。

【 わ 】
布を二つ折りにしたときにできる折り目のこと。輪になる部分。

【 脇線 】
体の側面にくるところの縫い目。

針と糸の準備

●針に糸を通す

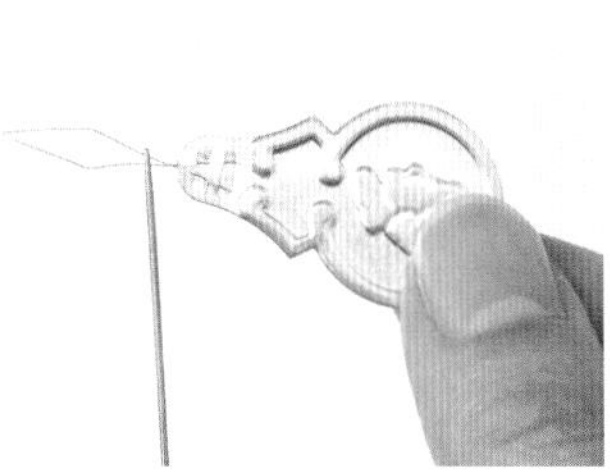

❶ 糸通しの輪を針穴に差し入れる。

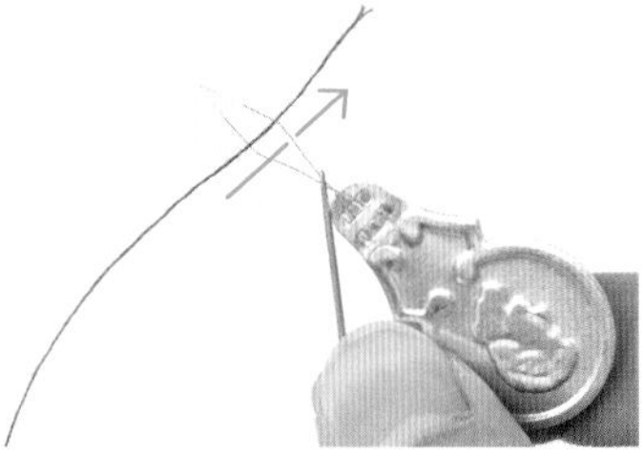

❷ 糸通しの輪に糸の先端を入れる。

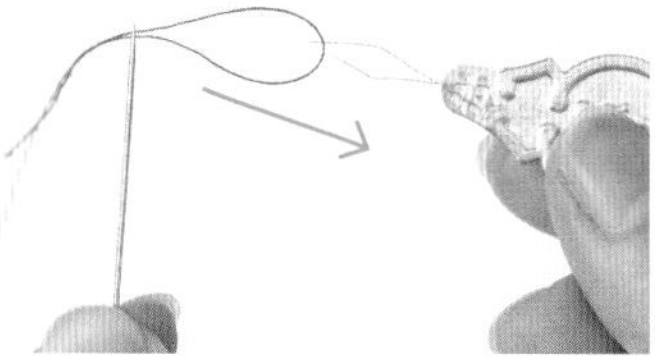

❸ 糸端が針穴から抜けるまで、糸通しを引く。

●糸のクセをとる

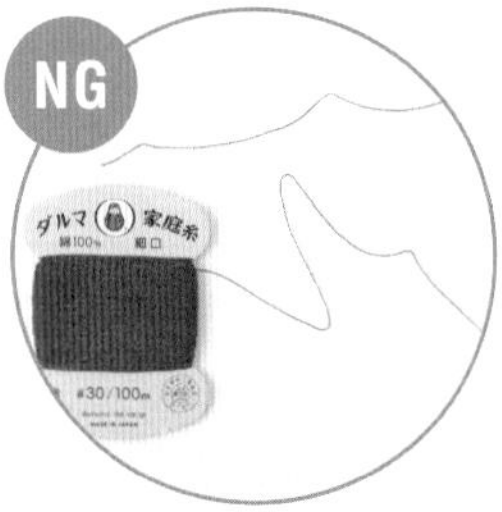

紙巻きの手縫い糸の場合、よく折り跡がついています。折り跡がついたまま使うと、縫っている際に糸が絡まったり、ひっかかりやすくなります。

切った糸を両手の指先に巻きつけてピンと張り、親指で何度か弾くと、糸のクセは取れやすい。

●糸は40cmが縫いやすい

手縫いの際、糸は40cmくらいの長さにすると縫いやすいでしょう。あまり長いと絡まりやすくなります。2本どりの場合は、倍の長さに切った糸を針に通して二つ折りに。

1本どり

2本どり

●玉結び

糸を針に通したら、縫いはじめの玉結びを作ります。2本どりの糸の場合は、玉結びは2本まとめて行いましょう。

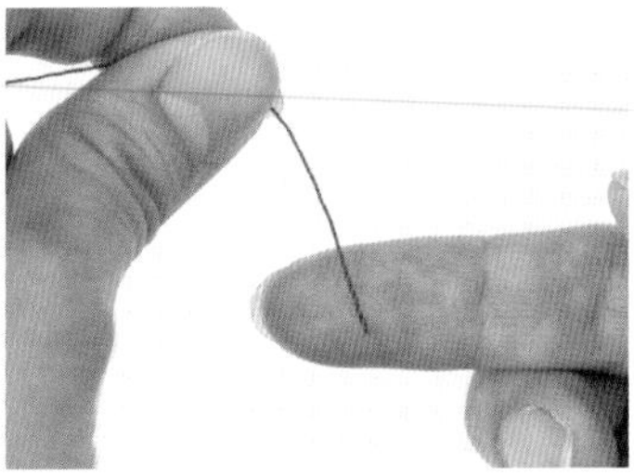

❶ 糸端を人さし指の腹にのせる。

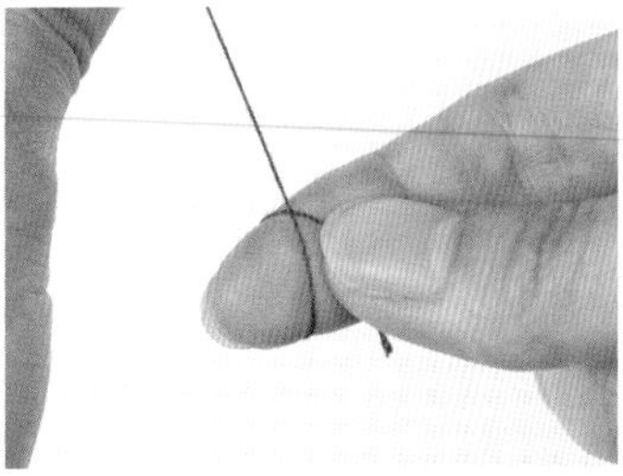

❷ 糸端を親指で押さえながら、人さし指に1回巻きつける。

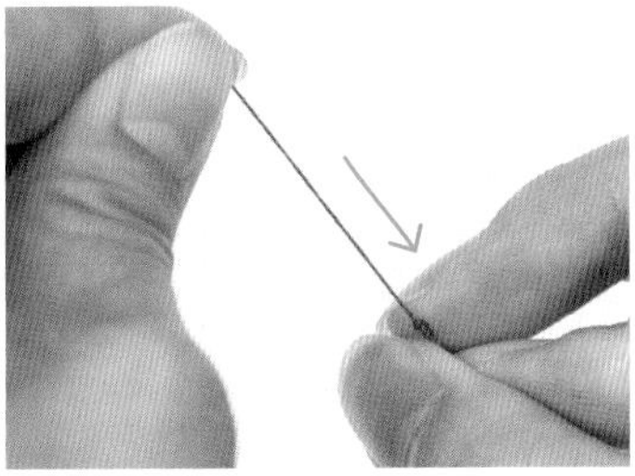

❸ 巻きつけた糸を押さえたまま数回よじり、中指でよりを押さえながら糸を引く。

❹ よりが締まって、結び玉ができる。

●玉どめ

縫いおわりは、縫い目が抜けないように、布の裏で玉どめをしましょう。
糸が途中でなくなりそうなときは、針2本分の残り糸になったら、1度玉どめして新しい糸にすると安心です。

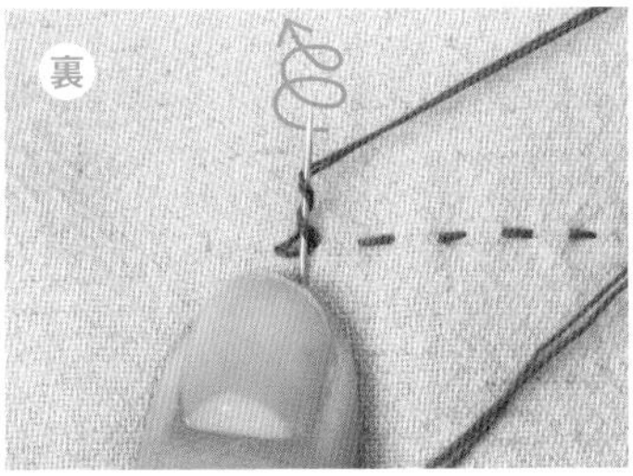

❶ 布の裏に針を出し、縫いおわりの位置に針をのせたら、針先に糸を2～3回巻きつける。

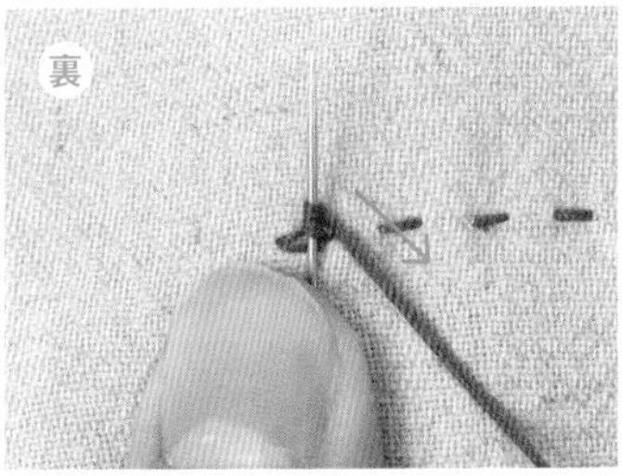

❷ 巻いた糸を手前に引いて、針の根元に寄せる。

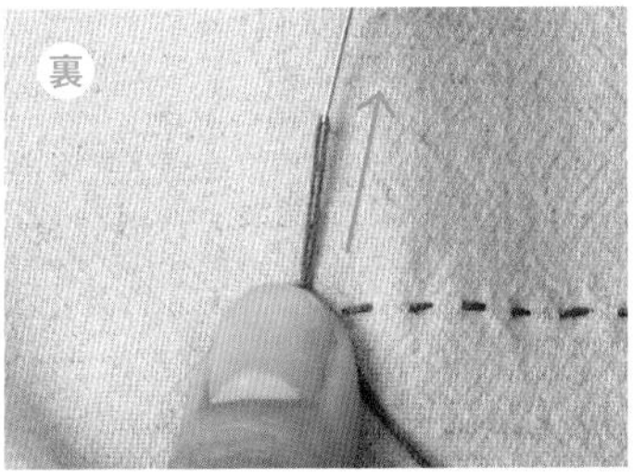

❸ 巻いた糸を指先で押さえながら、針を抜く。

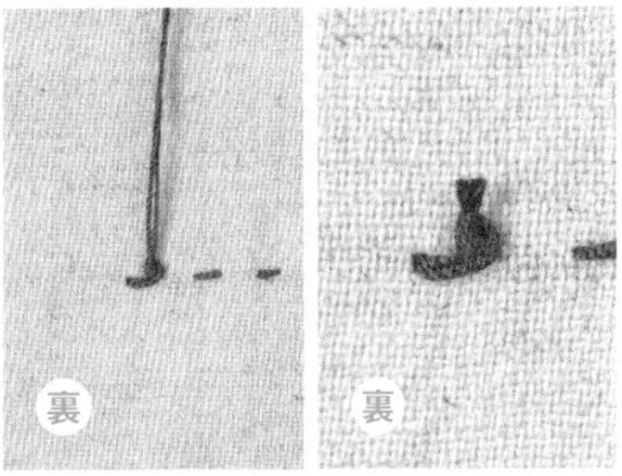

❹ 玉ができるまで糸を引いたら、玉どめの根元で糸を切る。

手縫いの縫いかた

●縫いはじめ

2本どりで縫うときは、縫いはじめで糸端の輪に針をくぐらせておくと、縫い目がほどけにくく、丈夫に仕上がります。1本どりなら、進行方向からひと針戻して縫う「返し針」をしましょう。

玉どめや玉結びの
結び玉が、
抜ける心配が
なくなりますよ

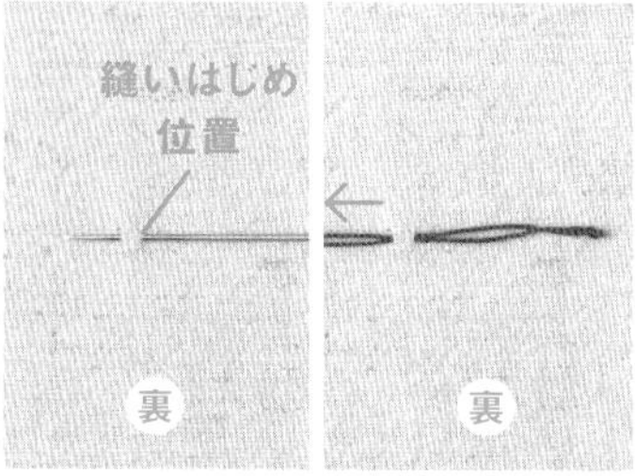

❶ 玉結び（⇒p.37）をしたら、縫いはじめの位置を布の裏からひと針すくう。

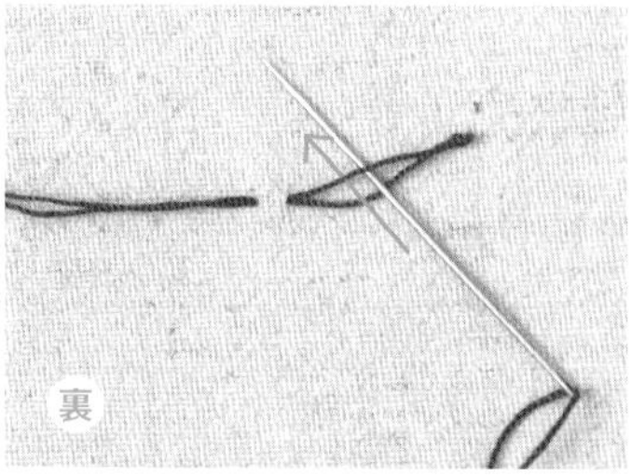

❷ 糸を引いて、縫いはじめと玉結びの間の糸の輪に針をくぐらせる。

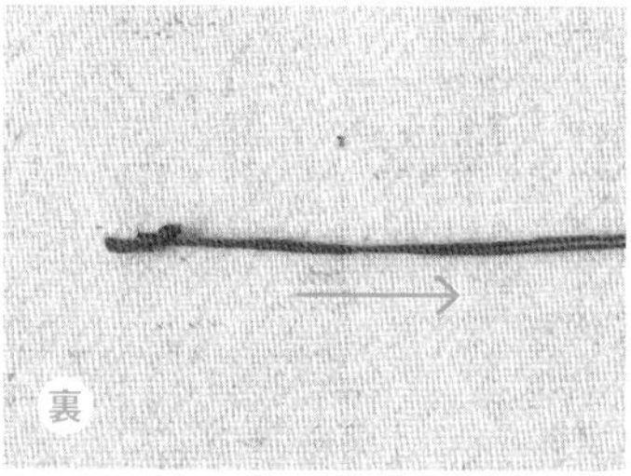

❸ 糸を引く。

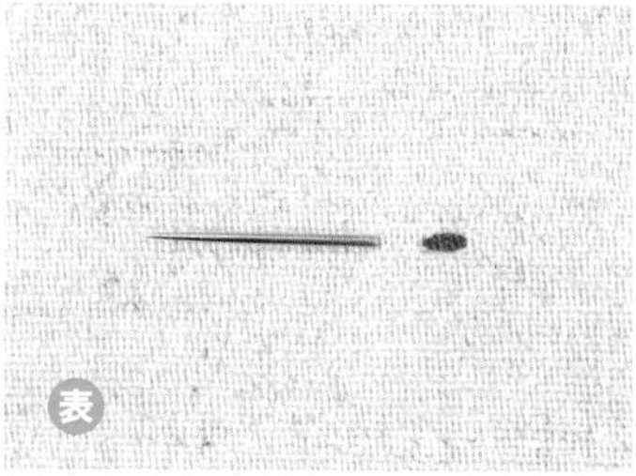

❹ 針を表に出し、縫い進める。

●縫いおわり

1本どりでも、2本どりでも**縫いおわりには、返し針**をしておくと安心です。

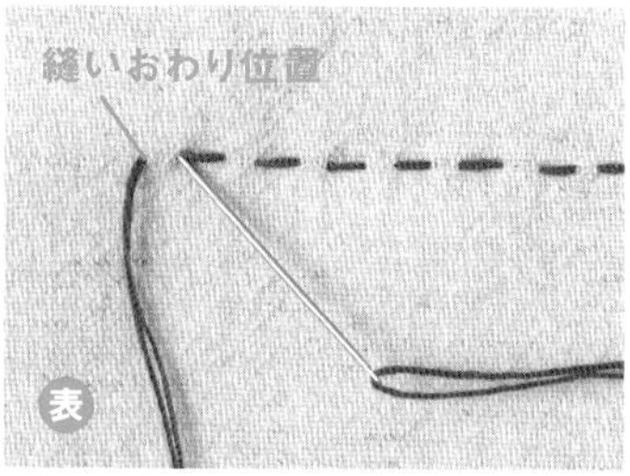

❶ 縫いおわり位置にきたら、ひと針返す。

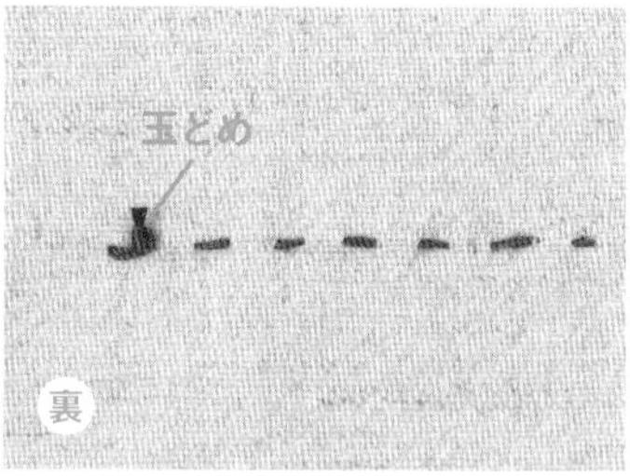

❷ 針を裏に出し、玉どめをする。

●並縫い

手縫いの際のきほんになる縫いかたです。**等間隔に縫う**のがコツ。

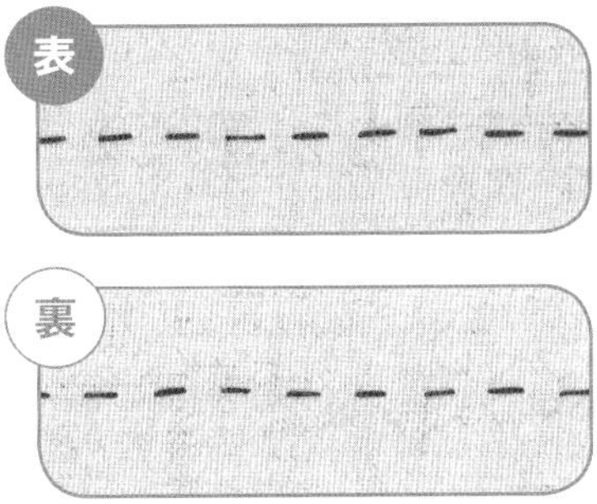

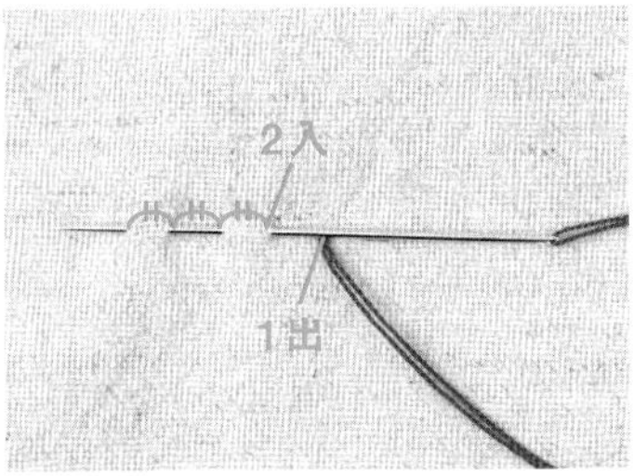

❶ 縫い目が0.3 ～ 0.4cmの等間隔になるようにして、布をすくう。ひと針ずつでも2 ～ 3針まとめてすくってもよい。

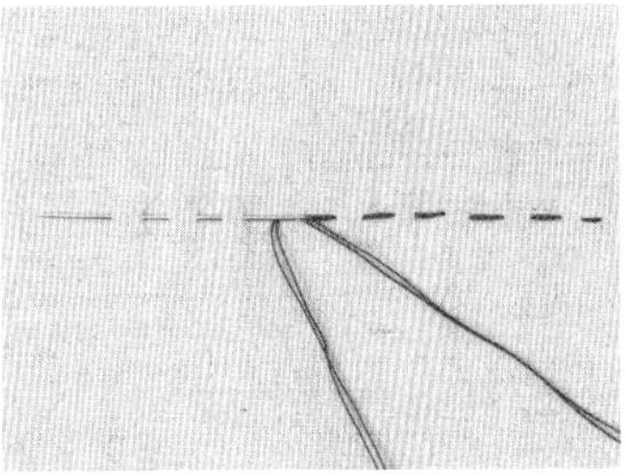

❷ 糸を引く。これをくり返して縫い進める。

●半返し縫い

短い距離を丈夫に縫いたいときに。表は並縫いと同じ縫い目に見えます。

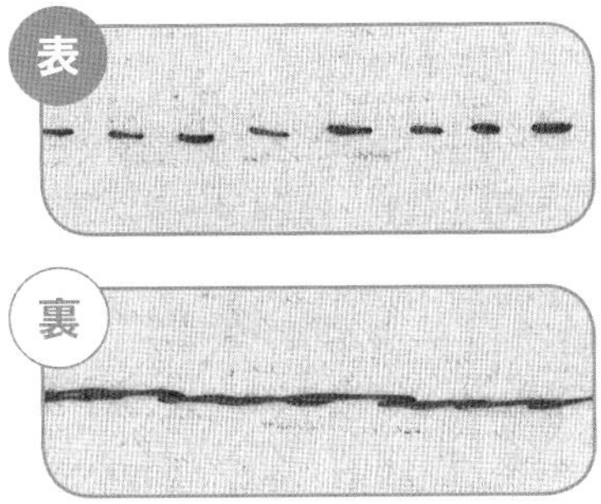

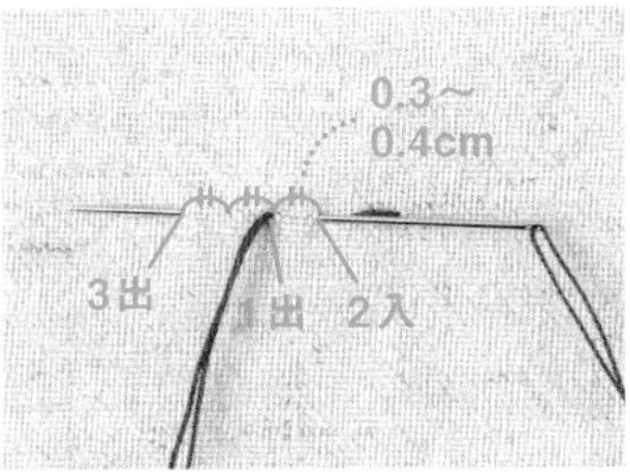

❶ ひと針すくい、半分戻ってからひと針先に出して、糸を引く。

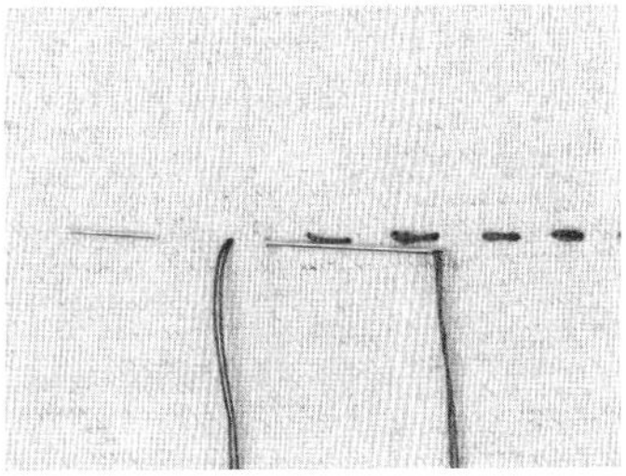

❷ これをくり返す。表の縫い目は並縫いのように見える。

●本返し縫い

特に丈夫に縫いたいときに。ミシン縫いのような縫い目になります。

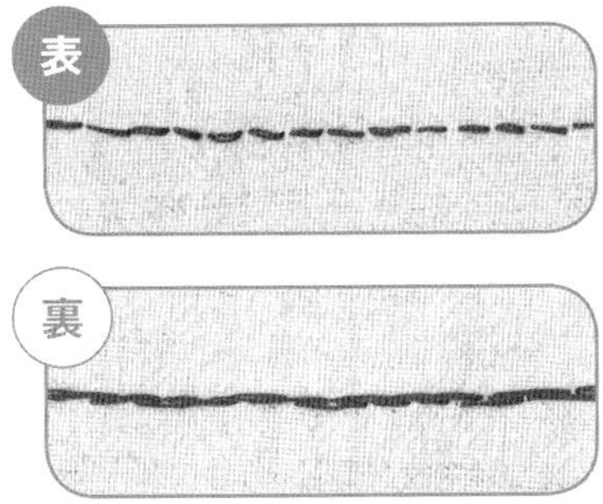

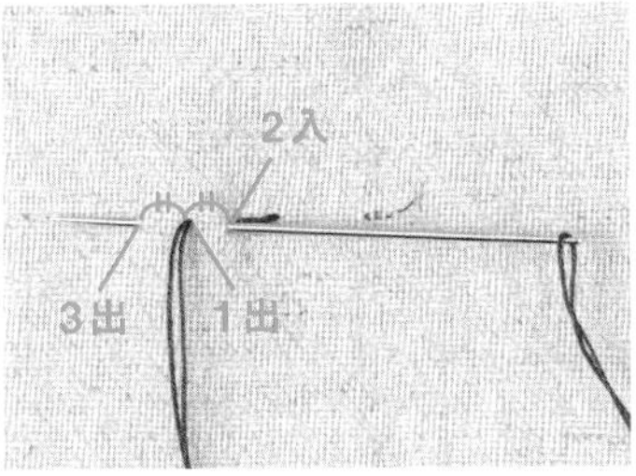

❶ ひと針出し、前の縫い目に戻ってから2針先に出して、糸を引く。

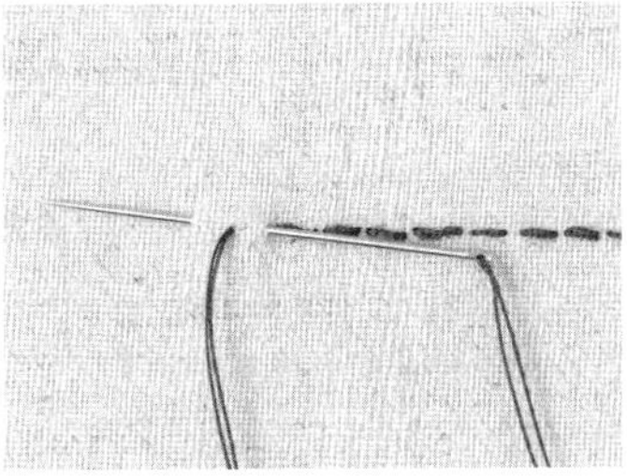

❷ これをくり返す。表の縫い目はミシン縫いのようにつながって見える。

てぬぐいパンツ

タイパンツ

Page 06・07

〔でき上がりの大きさ〕

ヒップ88×パンツ丈28cm

〔材料〕

てぬぐい ― 90×33cm

1.5cm幅コットンテープ ― 130cm

*てぬぐいの長さ×1.5程度

お好みでボタン ― 1個

Check!

タイパンツの着せかたのコツ

①ウエスト部分の余った布を前に集めて2つにたたんだら、ひもをウエストで結ぶ。

②ひもの位置で、ウエストの布を下に折り返す。

〔つくりかた〕

1 てぬぐいを折る

❶ 表を上にして、てぬぐいを広げる。

❷ てぬぐいをふたつに折る。

2 脇を処理する

❶ わになっているところを、下から6cm分はさみで切る。

❷ わと反対側の脇を、端から1cm内側を縫う。その際、下から6cm分は縫わずに残す。

3 てぬぐいを折り直す

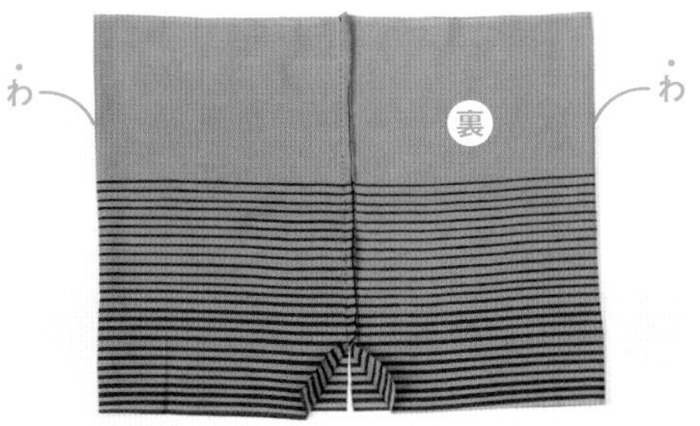

❶ 縫い目が中央にくるように、てぬぐいを折り直し、縫い代を右側に倒す。

4 股下を縫う

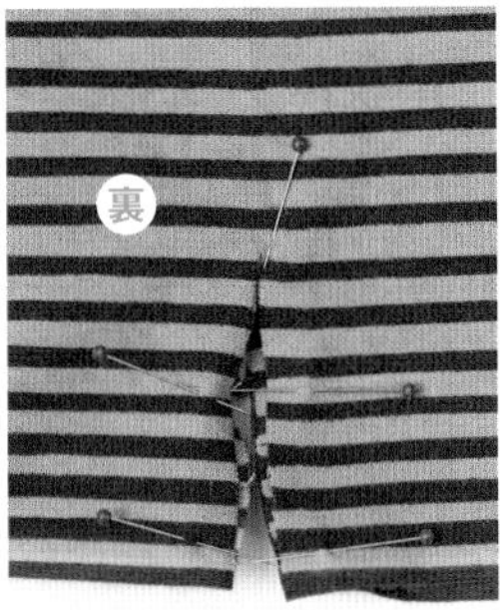

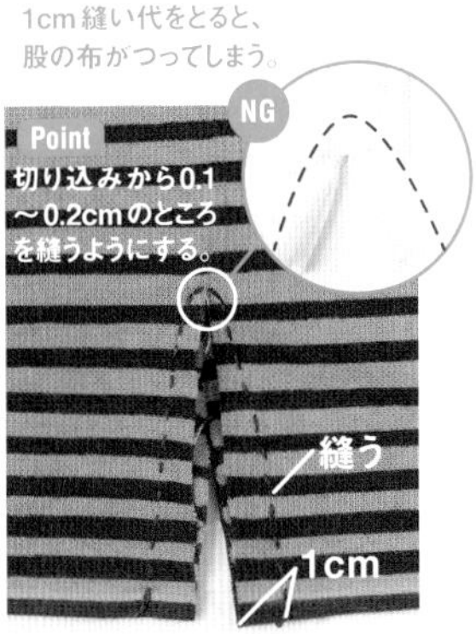

❶ 2-❶で切った部分と、2-❷で縫い残した部分を重ね合わせ、まち針でとめる。布端から1cmの位置をV字に縫う。

5 ひもをつける

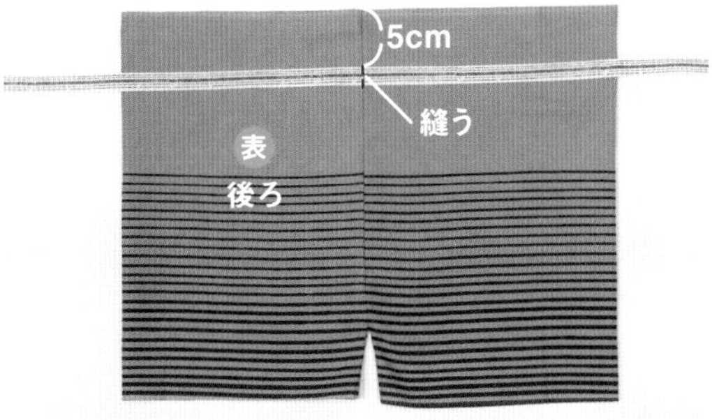

❶ パンツを表に返し、後ろ中心とひもの中央を合わせ、上から5cmの位置に縫いつける。

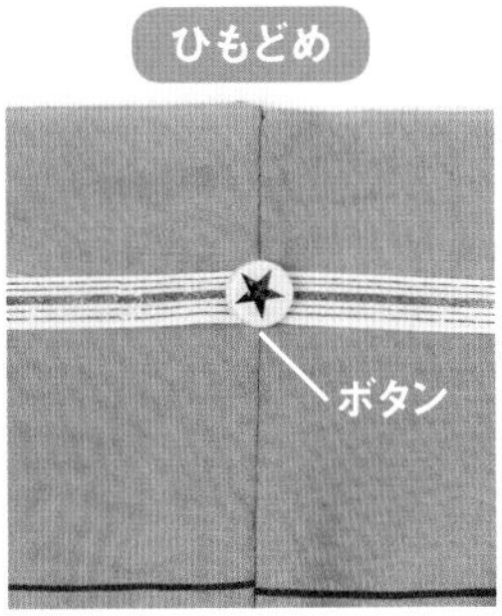

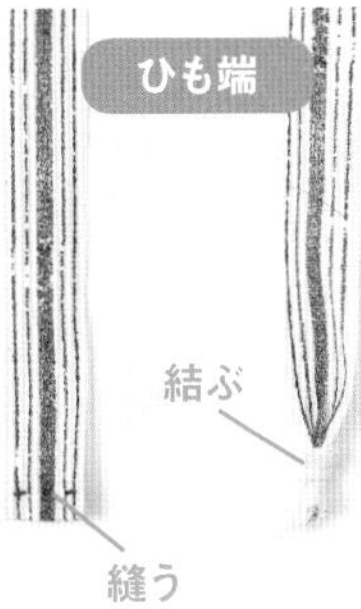

❷ 好みで、ひもをボタンでとめる。また、ひもの端は0.5cm折って縫うか、結ぶとよい。

B てぬぐいパンツ

ショートパンツ

Page 08

〔でき上がりの大きさ〕
ヒップ88×パンツ丈31.5cm

〔材料〕
てぬぐい ― 90×33cm
0.8cm幅ゴムテープ ― 40～45cm
糸（布に近い色）

〔つくりかた〕

1 脇と股下を縫う

「てぬぐいパンツ タイパンツ」手順**1**～**4**（⇒p.40～41）の要領で、脇と股下を縫い、パンツの形にする。

2 ウエストを折って、縫う

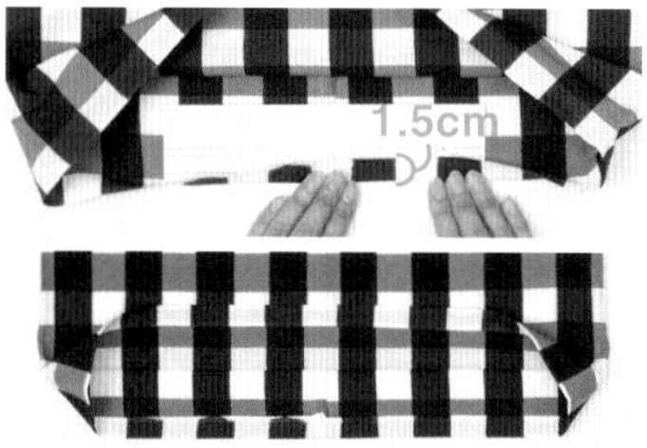

❶ ウエストの布端を1.5cmぐるりと内側に折る。アイロンで押さえて折り跡をつける。指先で軽くこすってもOK。

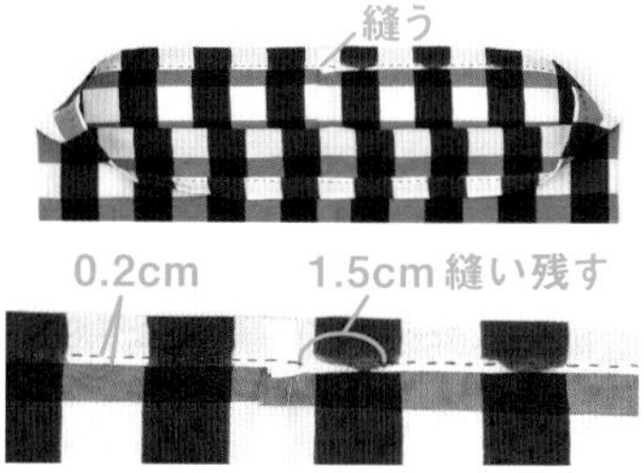

❷ 折った布端から少し内側をぐるりと縫う。縫いおわりの手前1.5cm分は縫わないで残す（ゴム通し口）。

3 ウエストにゴムを入れる

❶ ゴムテープにゴム通し（または安全ピン）をつけて、ウエストのゴム通し口から差し入れる。

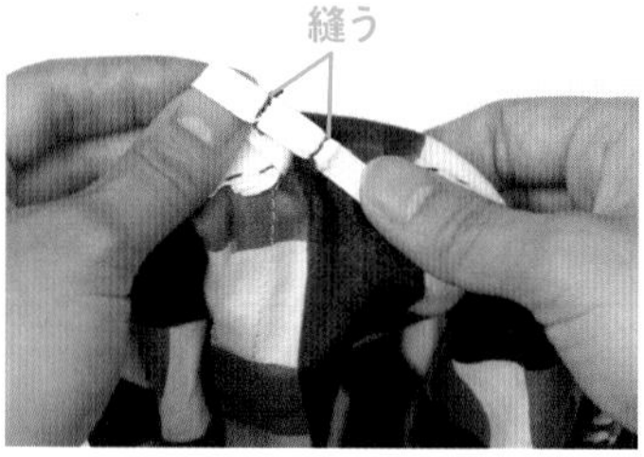

❷ ゴムテープをウエストに通したら、ゴムテープの両端を1cm重ね、縫いとめる。

❸ ゴムをウエストの中にしまって完成。ゴム通し口はそのままでも目立たない。

C てぬぐいパンツ
かぼちゃパンツ

Page 09

〔でき上がりの大きさ〕
ヒップ88×パンツ丈29.5cm

〔材料〕
てぬぐい ― 90×33cm
0.8cm幅ゴムテープ ― 40 ～ 45cm
0.6cm幅ゴムテープ ― 20cm×2本
糸（布に近い色）

〔つくりかた〕

1 ショートパンツを作る

「てぬぐいパンツ ショートパンツ」（⇒p.42）の要領で、ショートパンツを作る。ウエストには0.8cm幅のゴムテープを入れる。

2 すそにゴムを入れる

❶ すその布端を2cm内側に折る。折った布端から少し内側をぐるりと縫う。縫いおわりの手前1cm分は縫わないで残す（ゴム通し口）。

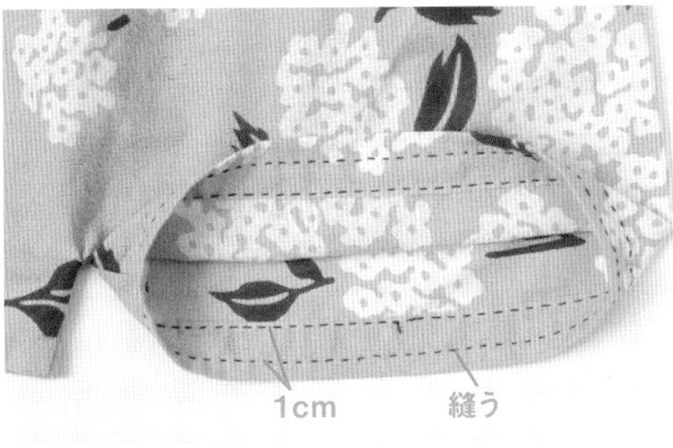

❷ ❶の縫い目から1cm下の位置をぐるりと縫う。もう一方のすそも同じ要領で2か所を縫う。

❸「てぬぐいパンツ ショートパンツ」手順**3**（⇒p.42）の要領で、❷の2本の縫い目の間に0.6cm幅ゴムテープを入れて縫いとめる。

D ハンカチスカート

Page 10

〔でき上がりの大きさ〕
スカート丈22.5cm

〔材料〕
ハンカチ ― 48×48cm
0.8cm幅ゴムテープ ― 40 ～ 45cm
糸（布に近い色）

ハンカチサイズとでき上がりサイズの目安

50×50cm

スカート丈23.5cm

56×56cm

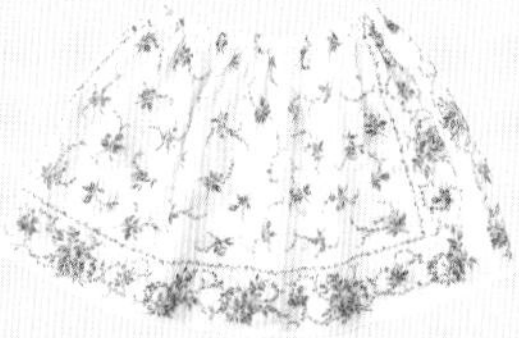

スカート丈26.5cm

90×33cm（てぬぐい）

スカート丈31.5cm

〔つくりかた〕

1 ハンカチを裁つ

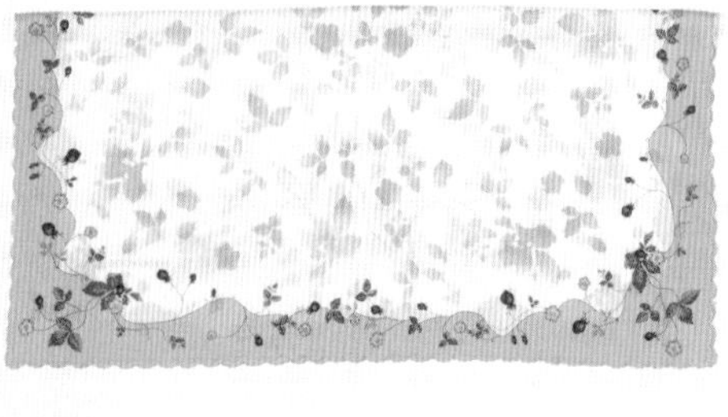

❶ ハンカチをふたつに折る。

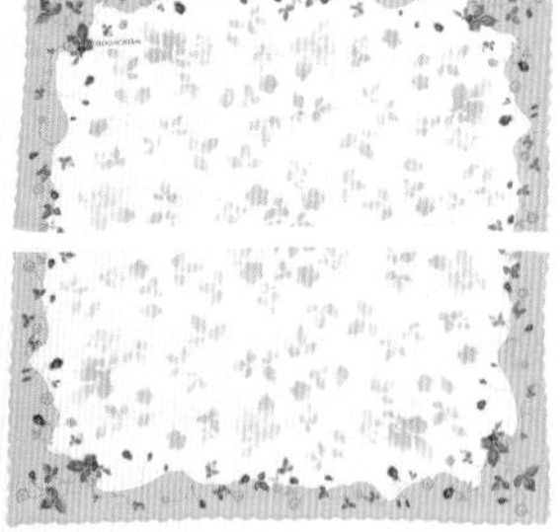

❷ ❶の折り目の位置をはさみで裁つ。

2 脇を縫う

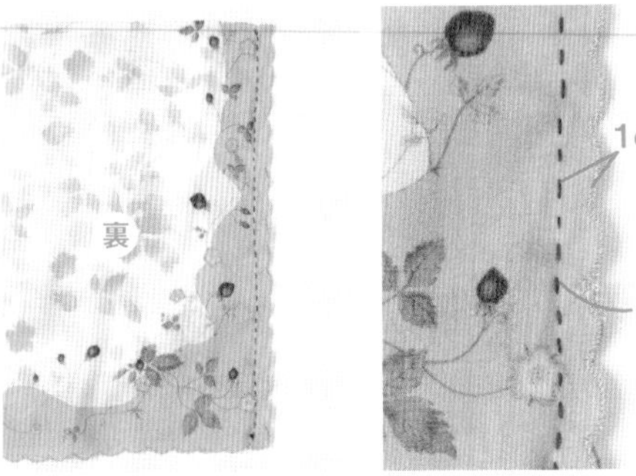

❶ 裁ったハンカチ2枚を中表にして合わせ、短い辺を端から1cm内側で縫う。

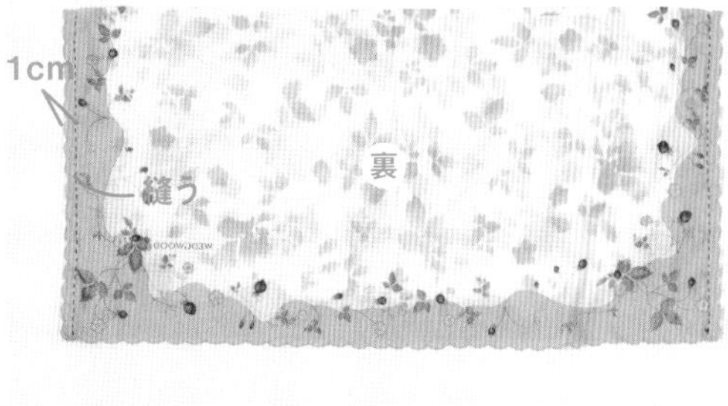

❷ 反対側の端も同様に縫う。

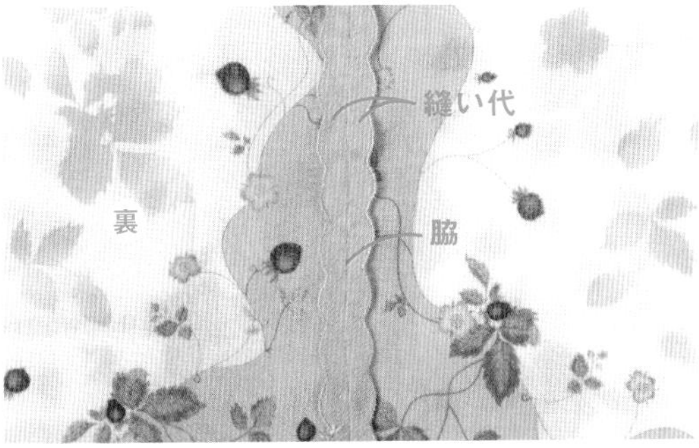

❸ 脇の縫い代を割って、アイロンで押さえる。

3 ウエストを処理する

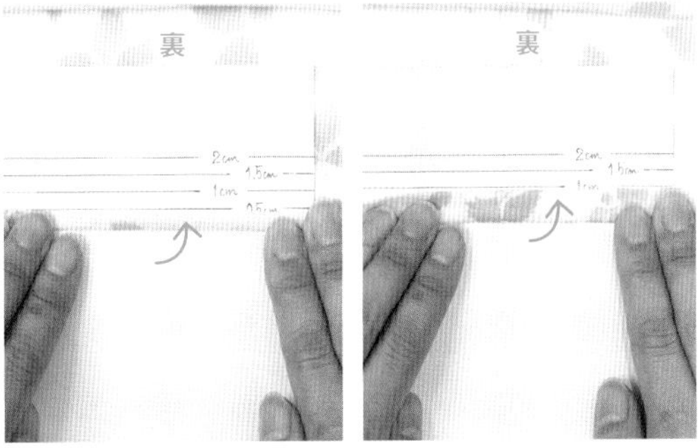

❶ 1で裁った端をウエストとして、布端を0.5cm内側に折り、さらに1cm内側に折る(三つ折り)。

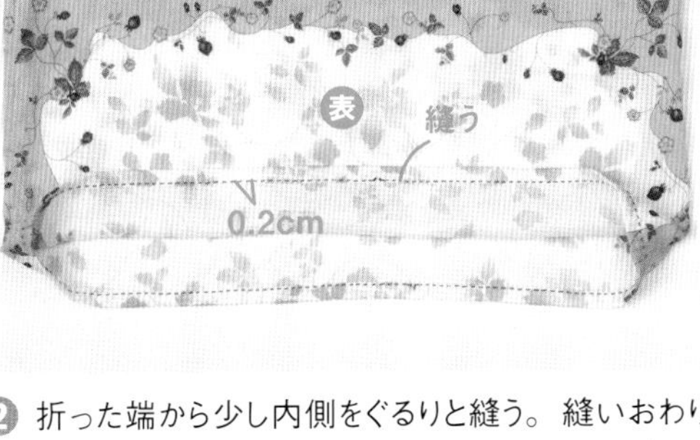

❷ 折った端から少し内側をぐるりと縫う。縫いおわりの手前1.5cm分は縫わないで残す(ゴム通し口)。

4 ウエストにゴムを入れる

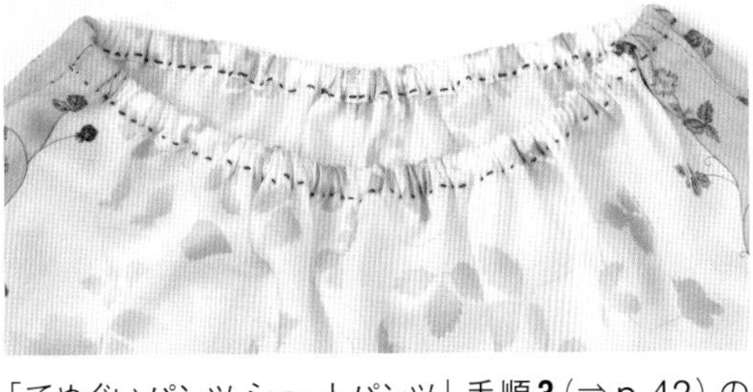

「てぬぐいパンツ ショートパンツ」手順3(⇒p.42)の要領で、ウエストにゴムテープを入れて、両端を縫いとめる。

One more!

LESSON 01

Tシャツエコバッグ

何かと出番の多いエコバッグをTシャツでリメイク！
切りっぱなしの楽チン仕立てです。

〔材料〕

Tシャツ
糸
（布に近い色）

〔つくりかた〕

1

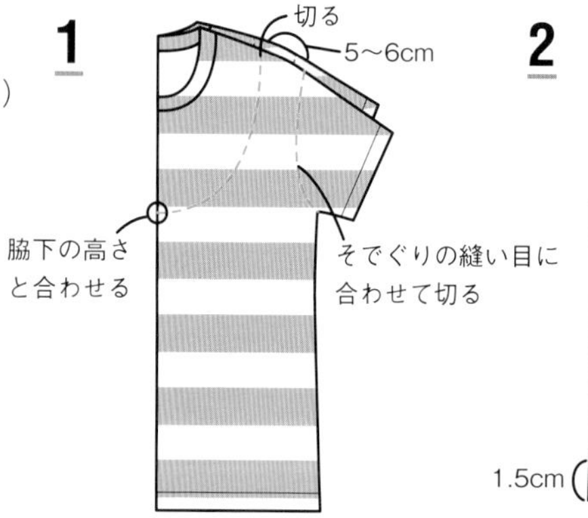

Tシャツを半分に折り、点線の位置を裁ちばさみでカットする。

2

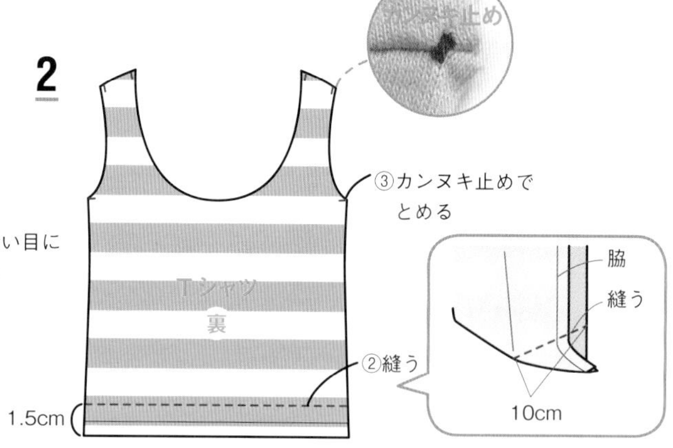

底を縫い合わせ、マチを縫い、表に返す。脇と持ち手の縫い目を補強するためカンヌキ止めをする。

Lesson 2

パパ・ママ服を
おしゃれなこども服にリメイク！

縫うことに慣れたら、
次のレッスンは“リメイク”です。
すっかり着なくなったタンスの肥やしを活用して
おしゃれな子ども服ができちゃいます！
仕上がりのランクアップに欠かせない
バイアステープの使い方も、ていねいにレッスンしますよ。

*手順写真では、見やすい色の糸を使っています。
制作する際は、布色に近い糸を使いましょう。

バイアステープのふち処理

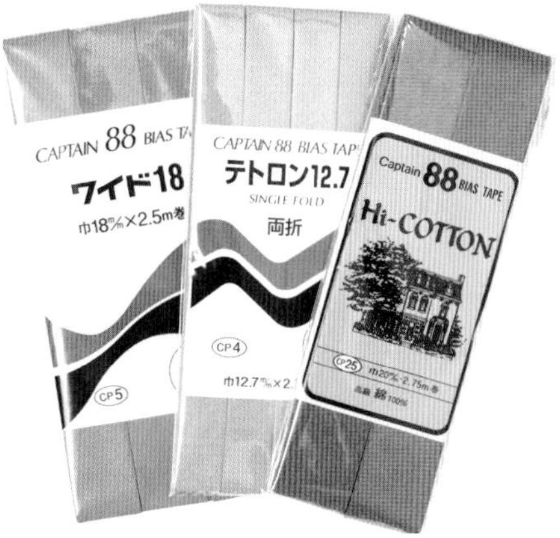

バイアステープとは

バイアステープは、**ななめに裁った布で作った布テープ**のこと。おもに両折りと、ふちどりのタイプがあります。素材や色もさまざまで、えり、そで、すそなどの仕上げによく使います。**よく使うのは両折り**。ふちどりタイプは、布端をはさみ込んで縫うだけでふちどりができます。

両折りタイプ

布の両端を折った状態のもの。

ふちどりタイプ

両折りタイプをさらに二つ折りにしたもの。

●見返しテクニック

そでやえりぐり、ウエストの見返しに使います。そこにゴムを通すこともできます。

＼えりぐりの処理／

＼ウエストのゴム通し／

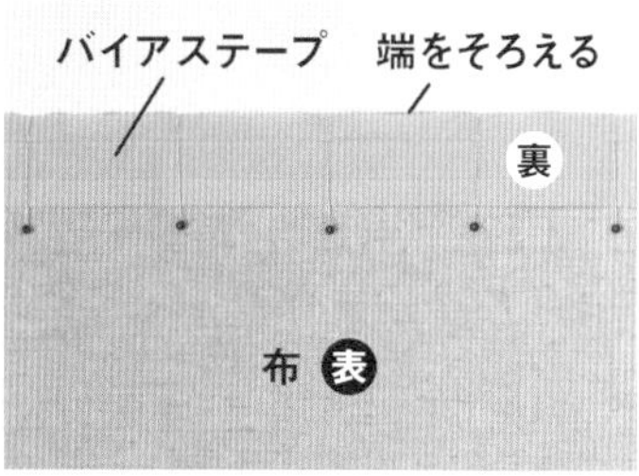

1 バイアステープの一方の折り目を開き、始末をする布端の位置に沿って中表に合わせ、まち針でとめる。

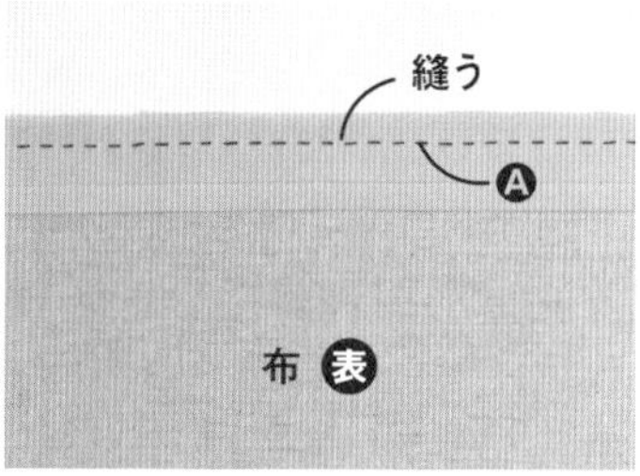

2 バイアステープの開いた折り目の上を縫う。

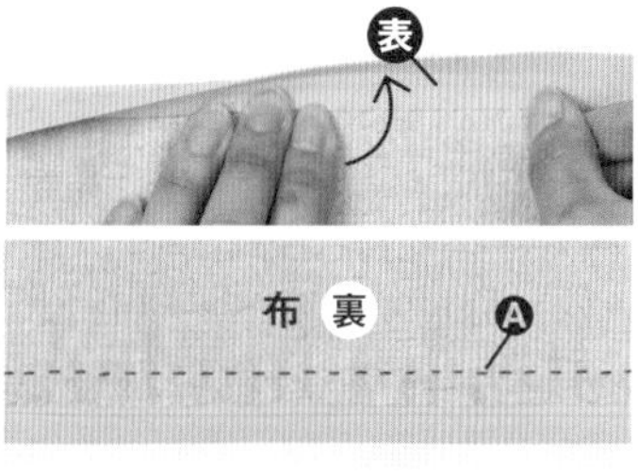

3 バイアステープを2の縫い目の位置Aで上に折り、布ごと裏に返す。

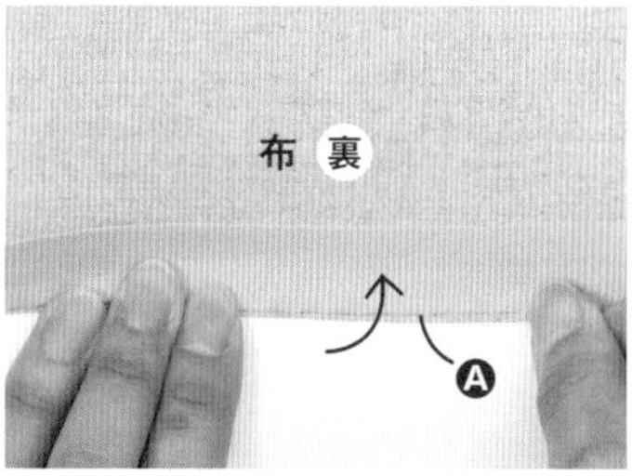

4 Aの縫い目の位置でバイアステープと布の縫い代を上に折り返す。

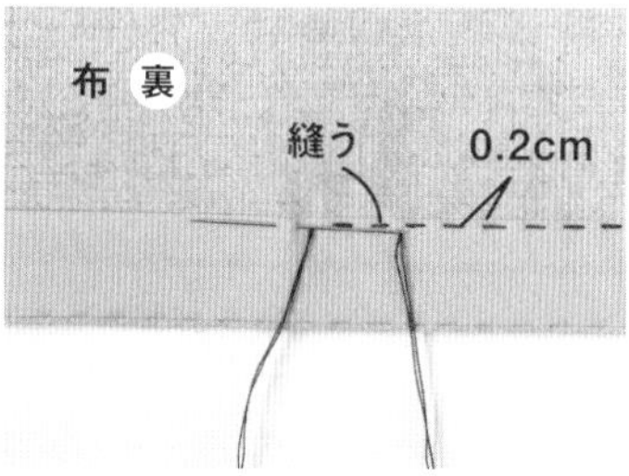

5 バイアステープのきわを縫う。

●ふちどりテクニック

縫い代をくるんで、ふちどるテクニック。バイアステープの半分は表に出ます。

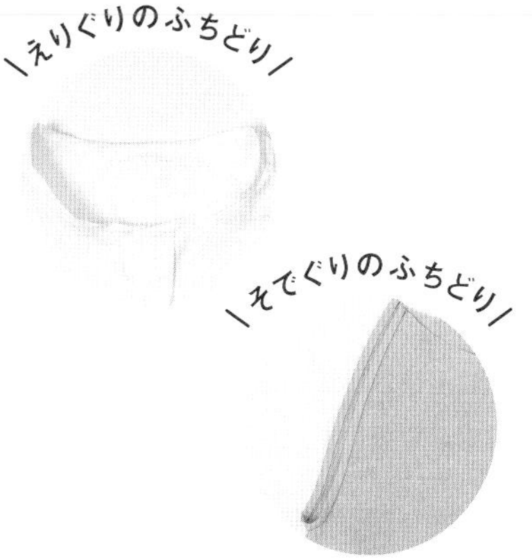

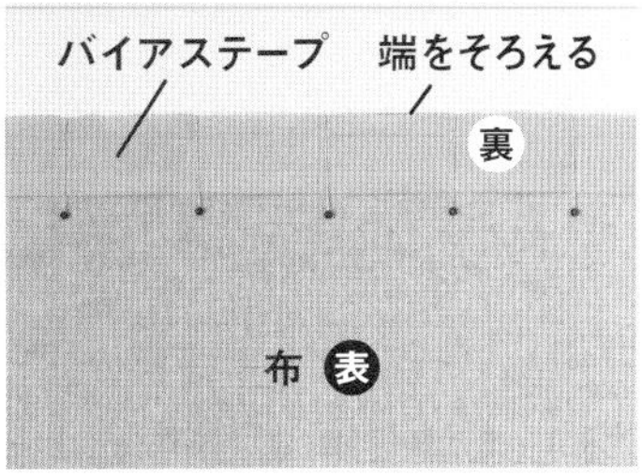

1 バイアステープの一方の折り目を開き、始末をする布端の位置に沿って、中表に合わせる。

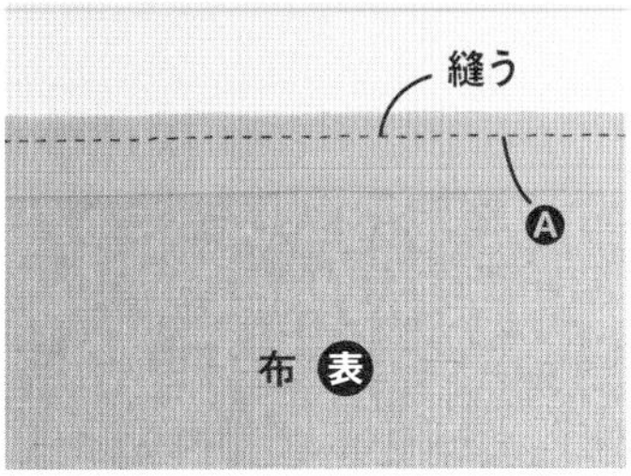

2 バイアステープの折り目の上を縫う。

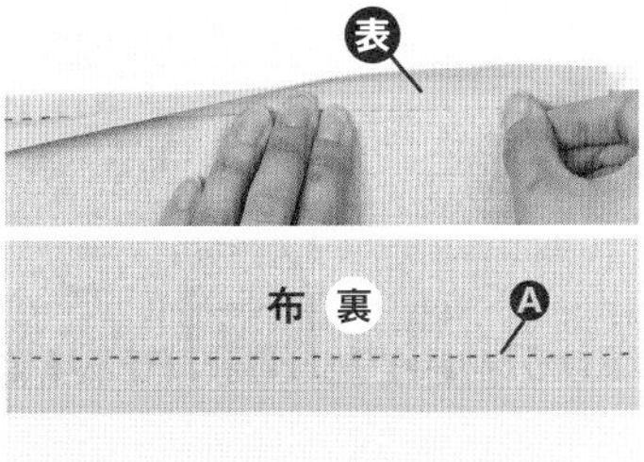

3 バイアステープを2の縫い目の位置Aで上に折り、布ごと裏に返す。

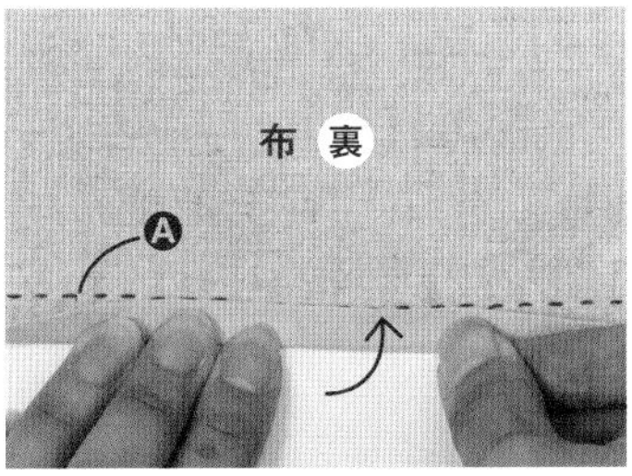

4 布端の位置でバイアステープを上に折る。Aの縫い目とバイアステープの端（もう一方の折り目）を合わせるようにするとよい。

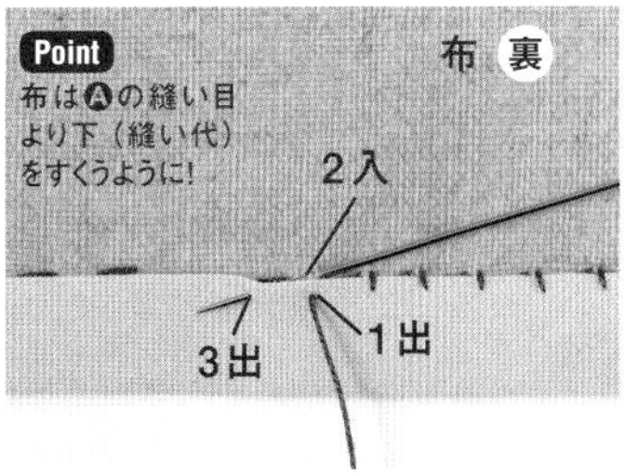

5 バイアステープの端と布を写真のようにすくいながら縫う（まつり縫い）。

NG Aの縫い目より上をすくうと、縫い目が表に出てしまいます。

ミシン縫いでふちどるときは注意して！ Check!

ふちどりタイプは、テープの折り幅が前と後ろでほんの少しだけ異なります。ミシン縫いでふちどり始末をする際は、手縫いと異なり一度に縫うので、**テープの幅が広いほうを布の表に合わせて、裏から縫いましょう**。テープのきわを縫うので、反対にしてしまうと縫い目が落ちてしまうことも。

OK

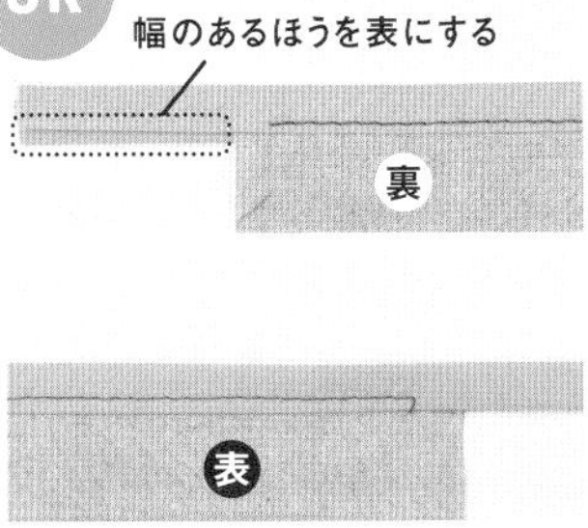

NG

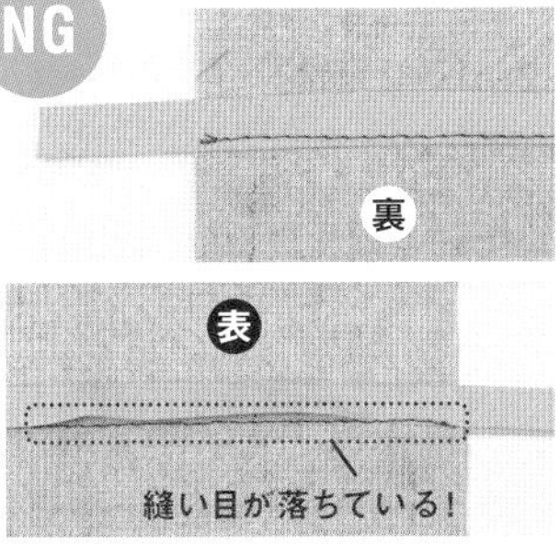

えりぐりの処理、
そでやすその仕上げに
バイアステープの扱いを
おぼえると
手づくりの幅もぐんと
広がりますよ！

おさえておきたい！ リメイクテクニック

Technique 01 細かな採寸は不要！ ふだんの子ども服をあてればOK

左右対称のアイテムは
パーツのカットまで
半分に折って進めるのが
おすすめです

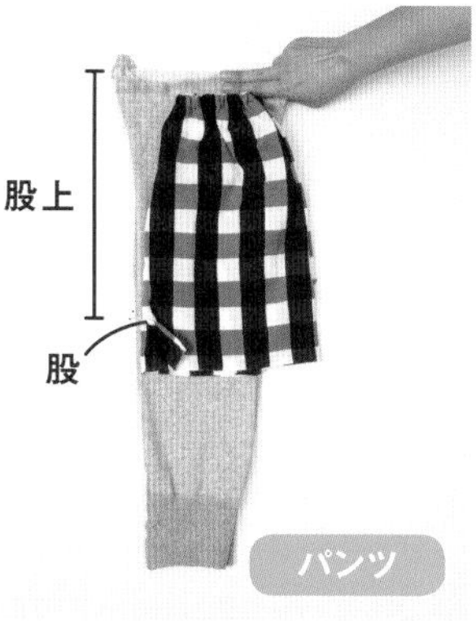

この本で紹介する、おとなサイズの服を子ども服に仕立てし直すリメイクでは、細かな採寸はしません。**作りたい大きさの子ども服を元の服にあてて**、各部位におおよその目安を測りましょう。仕立てるアイテムにもよりますが、トップスなら肩の位置、パンツなら股の位置を基準にします。

Technique 02 裁つ位置は マスキングテープで印をつける

マスキングテープを
使うことで
縫うまでのほつれ止めにも
なるんです！

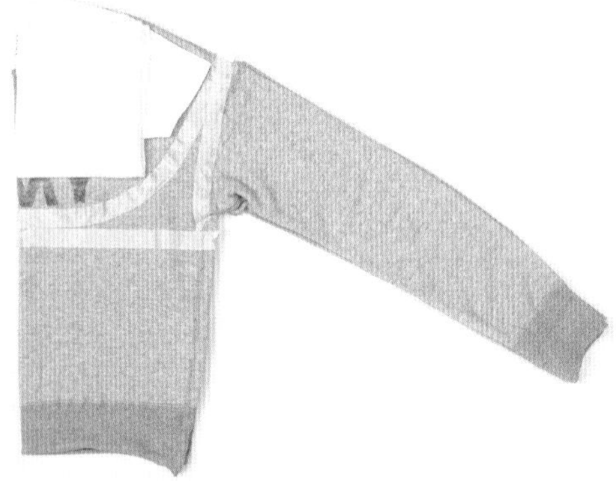

この本のリメイクでは、布に仕上がり線や裁ち線を書き入れる面倒な工程はカット！ **大きさの目安を測ったら、裁ち線をマスキングテープでつけましょう。** マスキングテープは少し太めの1.8～2cm幅を使うと便利です。

Point

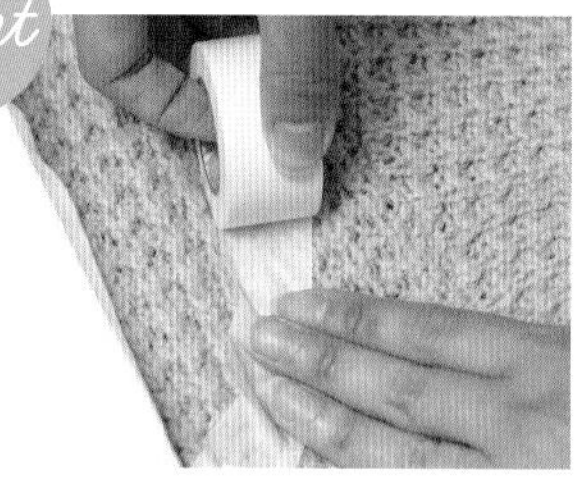

カーブを作りたいときは、マスキングテープを押さえ、カーブの方向にテープを引きながら、押さえた指を少しずつずらすようにしましょう。

Technique 03 素材を切るときは思い切って一気に！

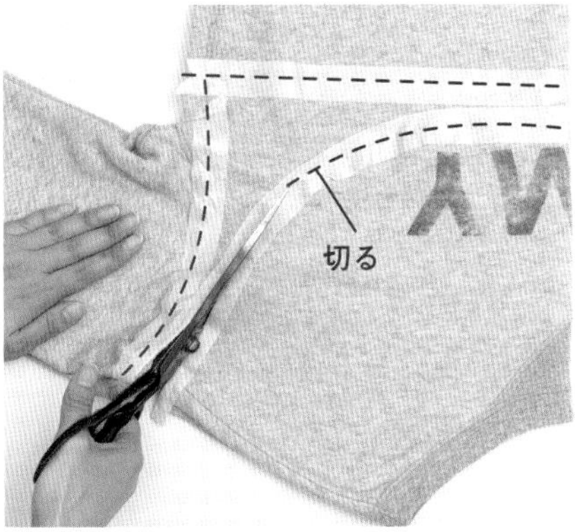

大きさを確認し、マスキングテープで裁つ位置に印をつけたら、あとはパーツに裁つだけ。**テープ幅の中央あたりを、裁ちばさみで裁ちます。**半分に折っている場合も、下の布までいっしょに裁ちましょう。

**パーツがゆがむ
原因になるので
布は持ち上げずに、
平らに置いたまま裁って！**

Technique 04 リメイクに失敗はない！いろんな発想を楽しんでみて

穴のあいたニット、えりやカフスがくたびれたYシャツ、形が古くなったブラウス……何でもリメイクの材料になります。まずは処分寸前の服でチャレンジしてみましょう。ブラウスはワンピースに、長そで部分はパンツやスパッツに、子どもサイズだと、アイデア次第で思ってもみないアイテムが生まれますよ!

パパ・ママ服	リメイクしやすいアイテム
シャツ・ブラウス	**子どもが着るとそのままワンピースの着丈に**なります。そでをカットしたり、肩回りやえりぐりの布をつまんでタックを作れば、サイズ調整できます。そでをはずすノースリーブワンピースもかんたんです。
ニット	シャツやブラウスと同様、**ニットワンピースとしてかわいくかんたんに仕立てられる**アイテム。身頃の下半分を使うとニットショートパンツができます。
ロングTシャツ	**そで部分を活用して、スパッツに**するのがおすすめです。余った身頃でエコバッグ（⇒p.46）を作ることもできます。
スカート ワンピース	布をたっぷり使っているロングスカートなら、ふつうに**お仕立て服の布として使えます。**たとえば、105×50cm程度の布がとれたら、ショートパンツ（⇒p.19）などが作れるでしょう。

E

スウェットリメイク

ケープ／スカート／パンツ

Page 11

Befor ----→ After

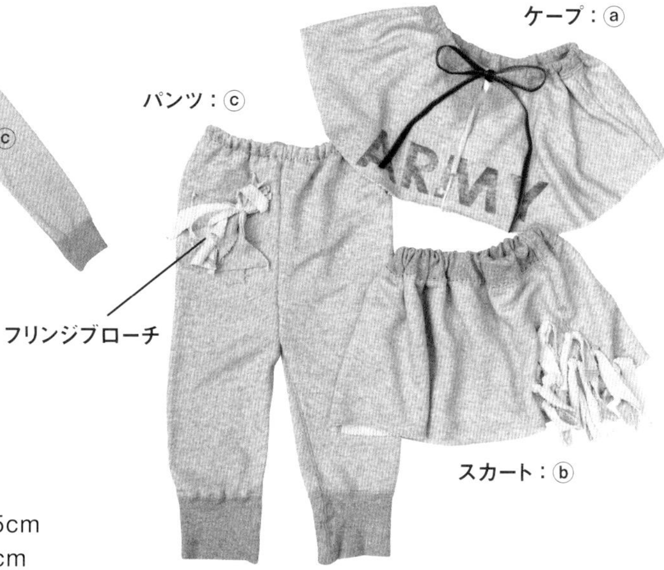

〔材料〕
スウェット
＊作品ではゆったりめの女性用を使いました
糸（布に近い色）
・ケープ　1cm幅ひも — 110cm
・スカート　1cm幅ゴムテープ — 40～45cm
・パンツ　1cm幅ゴムテープ — 40～45cm
・フリンジブローチ　ピン — 1個

Check!

余り布もすてずに活用！

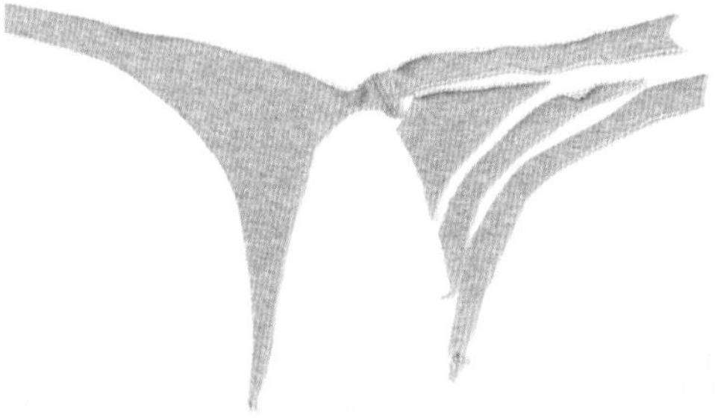

リメイクでは、余ったはぎれも大切な素材です。ここでは余ったパーツは細くカットして、フリンジとしてスカートに飾りつけたり、ブローチに仕立てたりしています。

1着のスウェットから
遊び着にぴったりの
3アイテムが
できちゃいますよ！

〔つくりかた〕

スウェットを裁つ

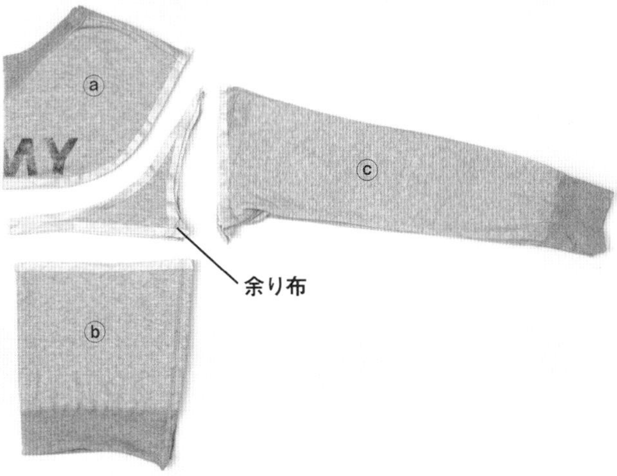

「リメイクテクニック」*01* ～ *03*（⇒p.50 ～ 51）の要領で、写真のようにスウェットの身頃とそで下にマスキングテープで印をつけ、印に沿って裁ちばさみでⓐケープ、ⓑスカート、ⓒパンツの各パーツに裁つ。

Hint

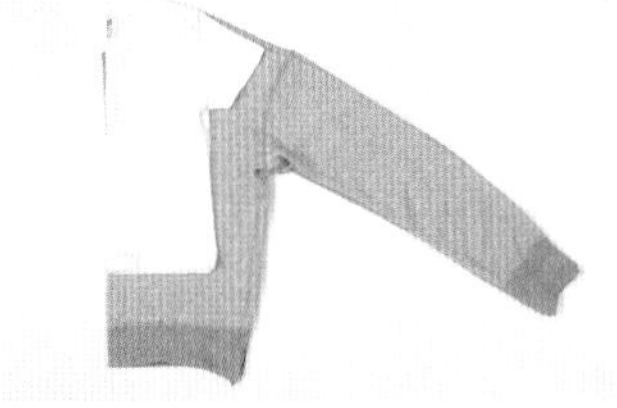

ⓐのケープは、子どものサイズのTシャツを、肩で合わせてスウェットにのせ、半分に折る。折った位置を目印に、テープでカーブを描きながら印をつけましょう。

●ケープ

1 前身頃を切る

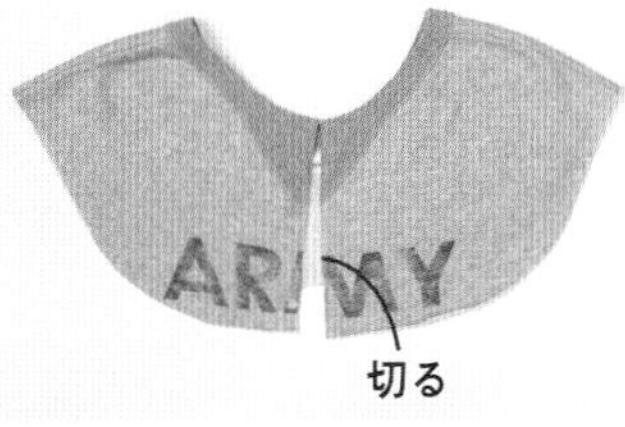

❶ 裁ったパーツⓐを広げ、前身頃の中心をはさみで切る。

2 ひもを通す

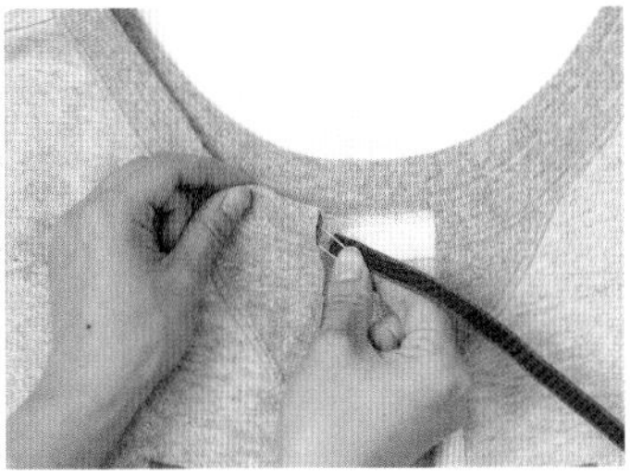

❶ 首元のリブ部分の穴に、1cm幅ひもを通す。その際、ゴム通しのように安全ピンをひも端につけてやると、通しやすい。

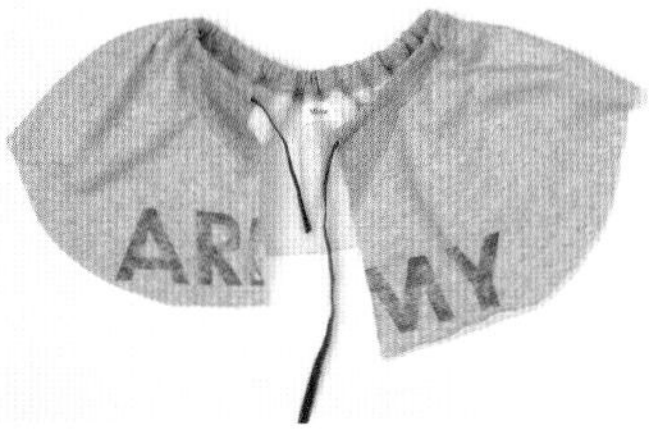

❷ ひもを通し終えたら、完成! 着るときは、ひもを引いて首元にギャザーを寄せて結ぶ。

●スカート

1 ウエストを処理する

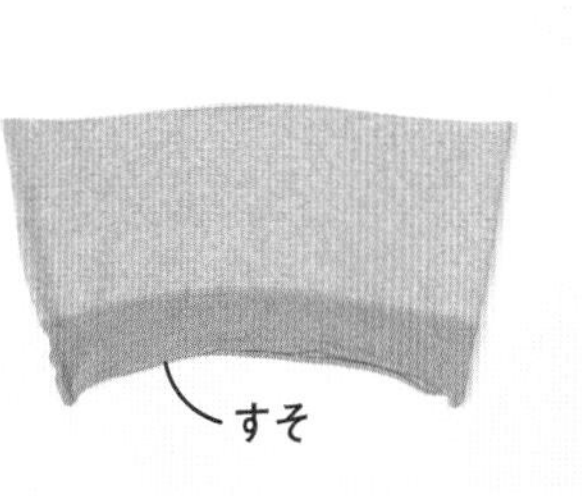

❶ 裁ったパーツⓑのすそのリブを確認する。あらかじめ二重になっているスウェットもあるので、その場合はそのまま❸へ。

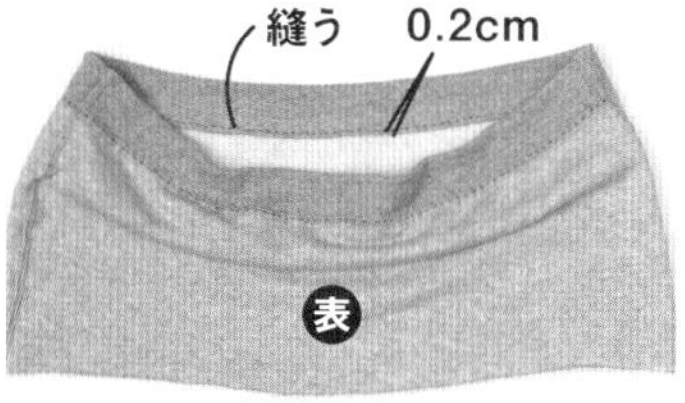

❷ スウェットのすそ側を、スカートのウエストにするため、すそのリブ部分を二つ折りし、少し内側をぐるりと縫う。

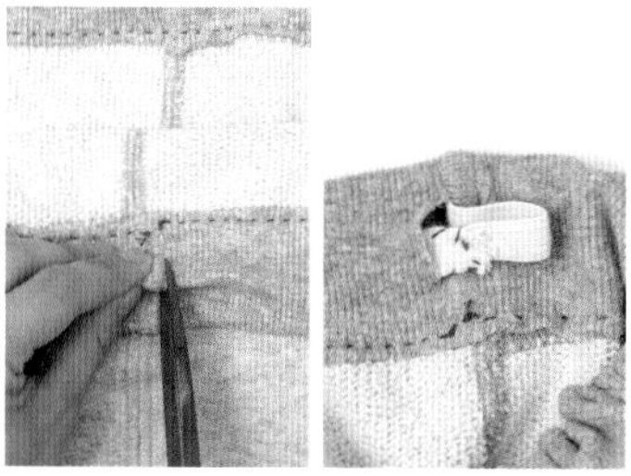

❸ ウエストの内側に、はさみでひも通し口用の切り込みを入れる。そこから1cm幅ゴムテープを通し、ゴムの両側を縫いとめる。

2 飾る

好みで、余り布でフリンジ飾りをつける。**スカートのすそは切りっぱなしでOK！**

Idea

余り布はフリンジに！

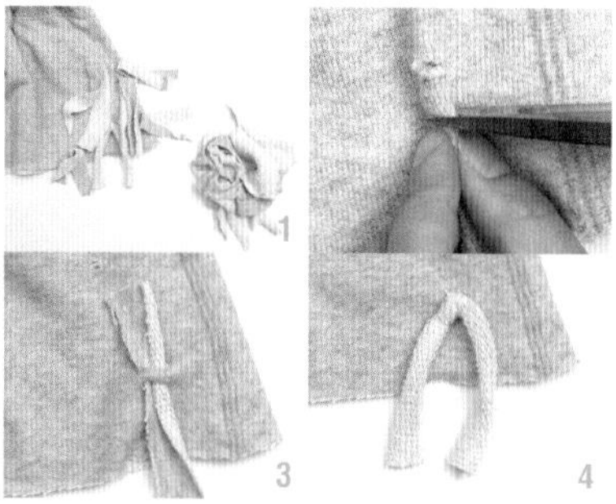

1. 細く切った余り布をスカートにのせ、飾る位置を決める。2. 飾る位置を小さくつまみ、1cm離して2か所切り込みを入れる。3. 2の切り込みに切った余り布を通す。4. 結んでとめる。これをくり返してバランスよく飾る。

●パンツ

1 股上を縫う

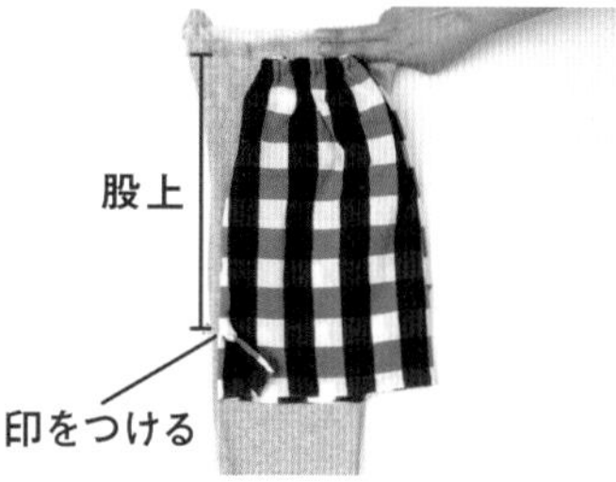

❶ 裁ったパーツⓒの、そで下から指2本分下の位置に合わせて、子どものサイズのパンツ（90～110cm）を重ね、股の位置に印をつける。

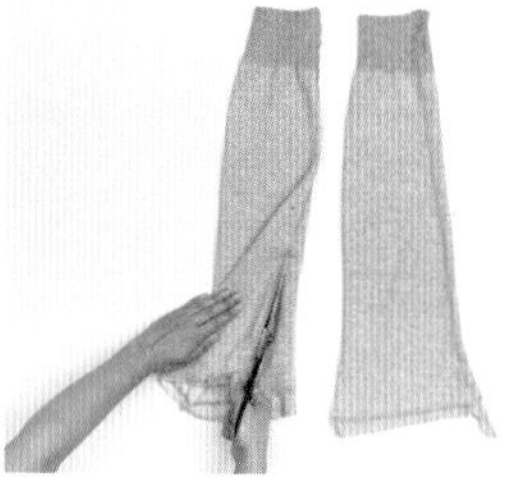

❷ そで下の縫い目に沿って❶の股の印位置まで、はさみで切る。もう1本のそでも同様にする。

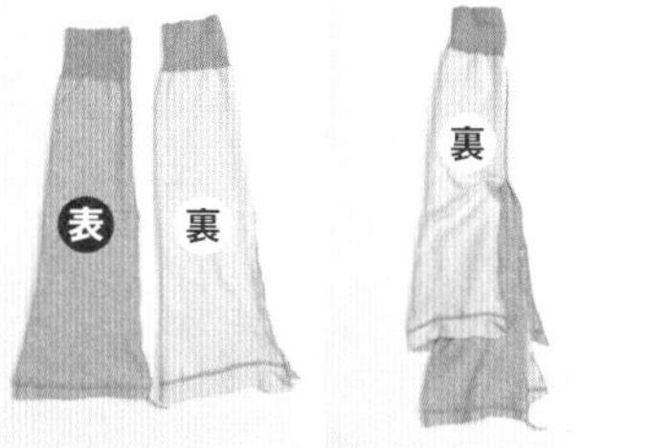

❸ そでの1本は裏に返し、そこにもう1本のそでを入れて、2本を中表に合わせる。

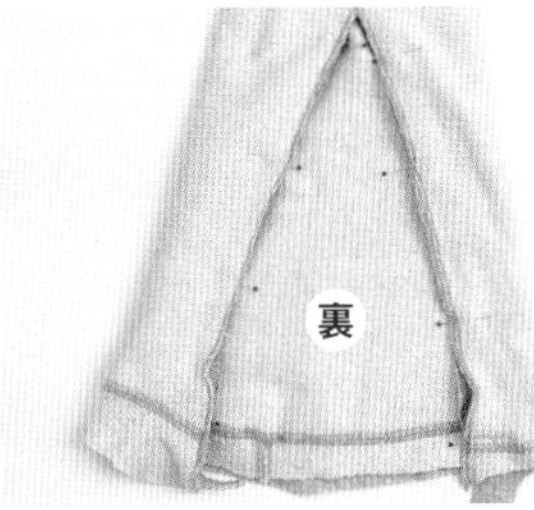

❹ **股上の切り口を合わせて**、まち針でとめる。

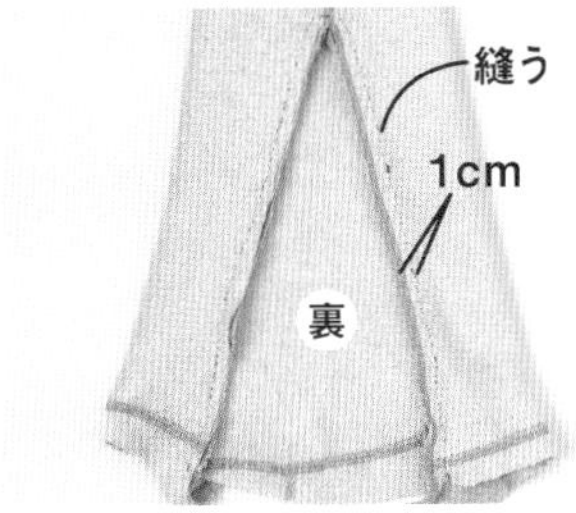

❺ 股上の切り口の端から1cmのところを縫う。

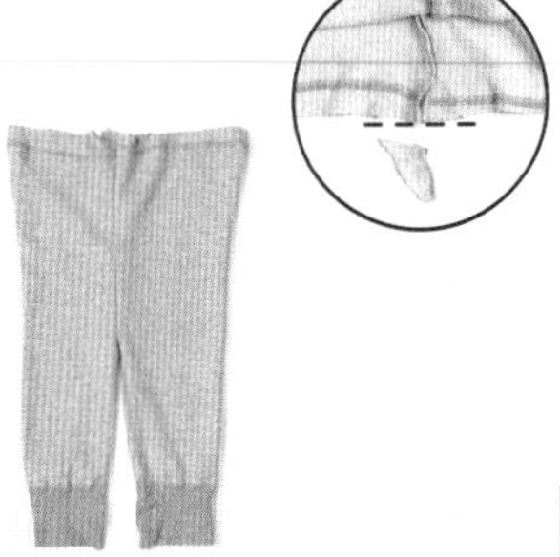

❻ 表に返す。ウエスト部分に出た余分な布をカットし、布端を整える。

2 ウエストを処理する

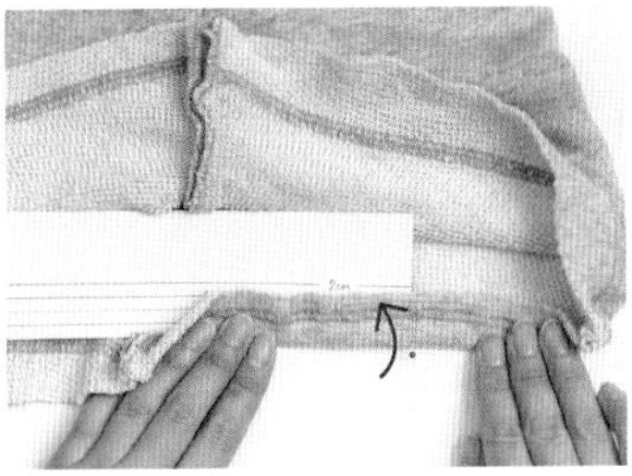

❶ 股上の縫い代をどちらか一方に倒して、ウエスト部分を2cm折る。

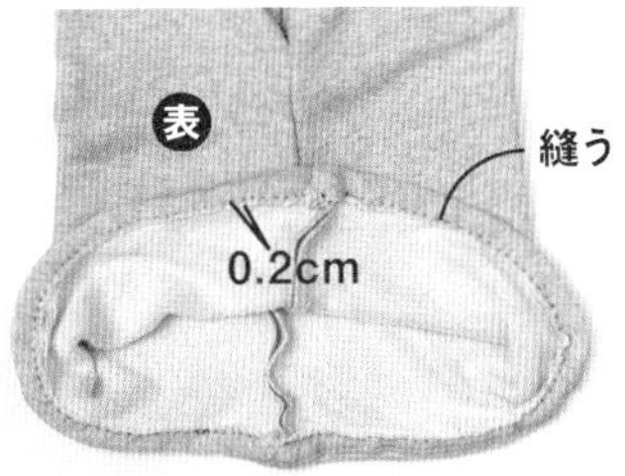

❷ ウエスト部分をぐるりと縫う。その際、縫いおわりを1.5cmくらい縫い残し、ゴム通し口にする。

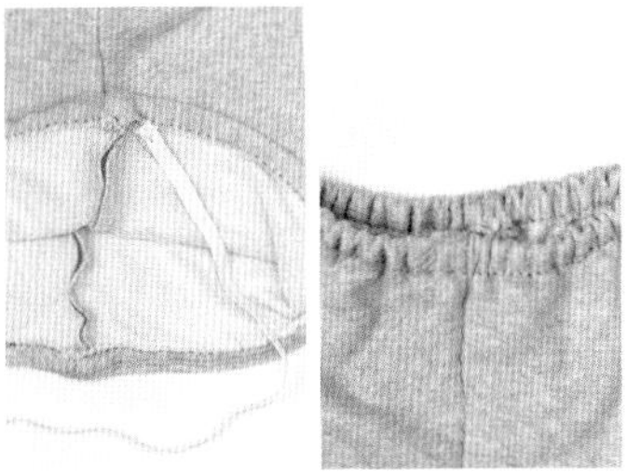

❸ ❷のゴム通し口から1cm幅ゴムテープを通して、ゴムの両端を縫いとめる。

●フリンジブローチ

❶ 余り布を10cmくらいにカットする。

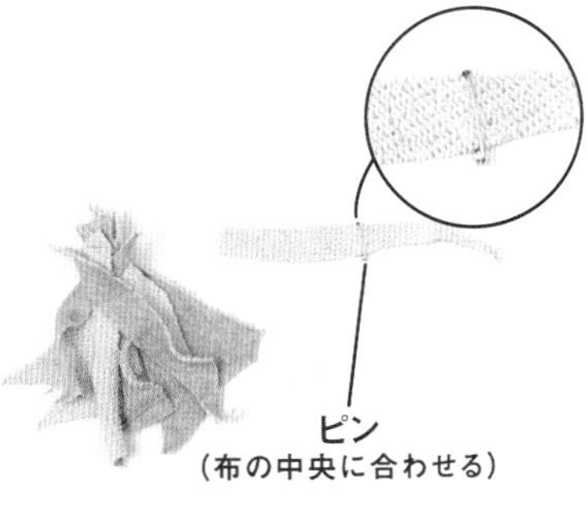

❷ ピンに余り布1本を通しておく。残りの❶を1枚ずつ重ねる。

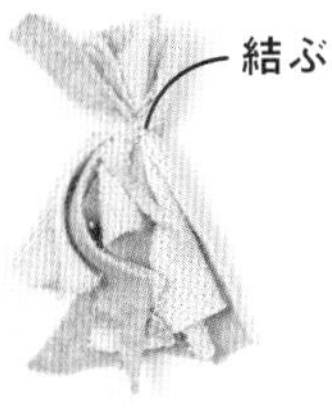

❸ 重ねた余り布の上から3cmの位置を、ピンを通した余り布でギュッと結びとめる。

F タートルニットリメイク

ニットワンピース

Page 12

Befor ------→ After

〔材料〕

タートルニット
*作品では女性用Ｍサイズを使いました
糸（布やリボンに近い色）
3.5cm幅グログランリボン（紺）— 80cm

ポンポン飾り

すそにレース

こんなアレンジもできますよ！

〔つくりかた〕

1 ニットを裁つ

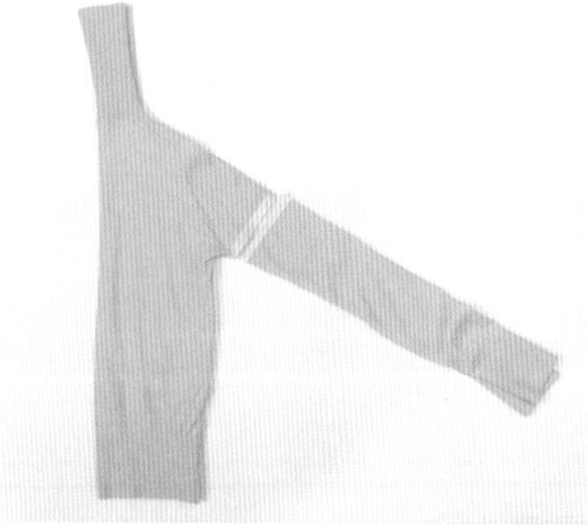

「リメイクテクニック」01 ～ 03（⇒p.50 ～ 51）の要領で裁ち位置に印をつけ、そでを裁つ。

Hint

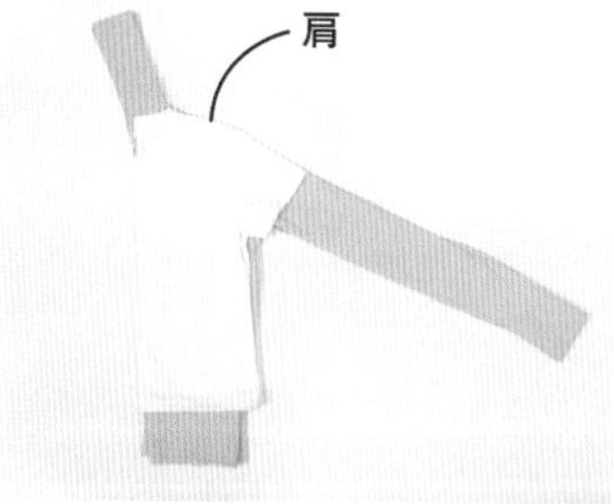

子どものサイズのＴシャツを、肩で合わせてニットにのせ、そでの長さを決めてテープで裁ち位置に印をつけましょう。

2 そで口を縫う

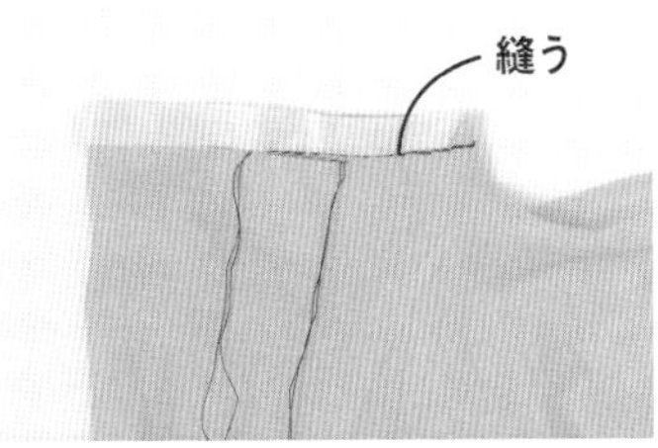

① 裁ち位置のテープのきわに沿って、そで口を半返し縫いでぐるりと縫う。テープはほつれ止めなので、縫いおわるまではずさずにおく。

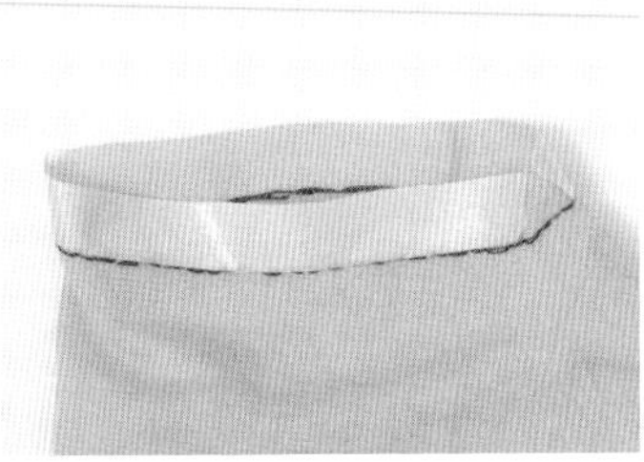

② 縫ったところ。もう一方のそで口も同様に縫う。

③ そで口のテープをそっとはずす。ゲージが細かいニットの場合、縫い代がくるんと丸まっていく。

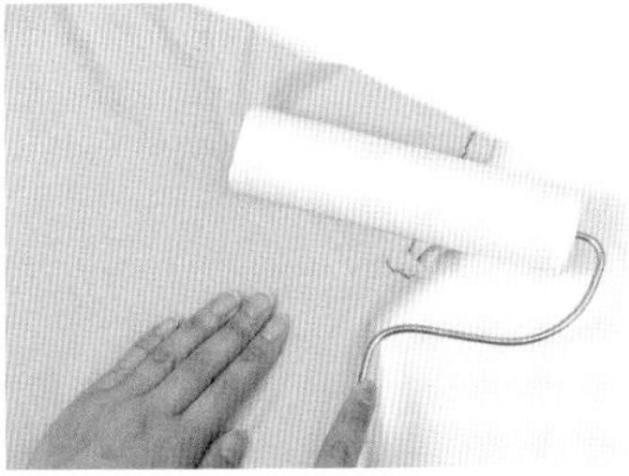

④ 粘着テープでそで口の糸くずをとる。

3 リボン飾りをつける

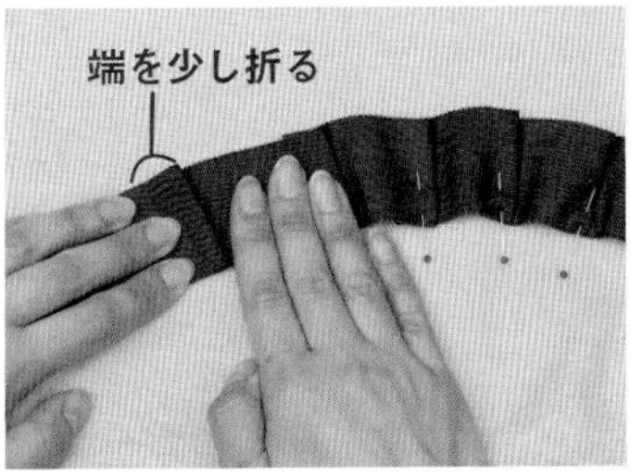

① ニットの胸元に、タックを寄せたリボンを飾る。リボンの端をニットの肩に合わせ、指3本分の長さをあけて、端を少し折る。

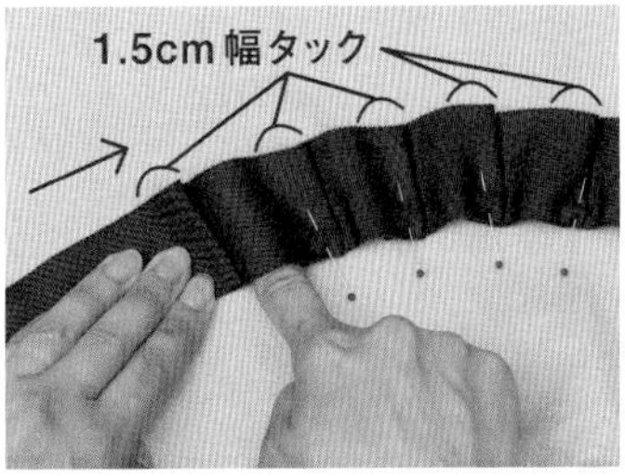

② 指1本をリボンの下に差し入れ、指のところまで折ったひだを寄せる。

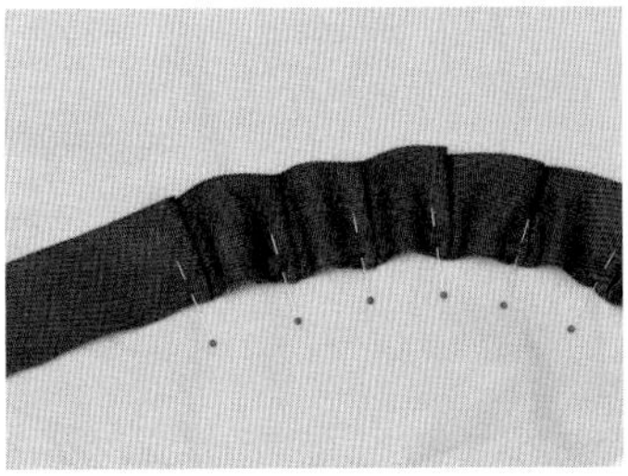

③ ひだ部分をまち針で仮どめする。これでタックひとつ分になる。

④ ①～③をくり返し、反対側の肩までリボンでカーブを描く。

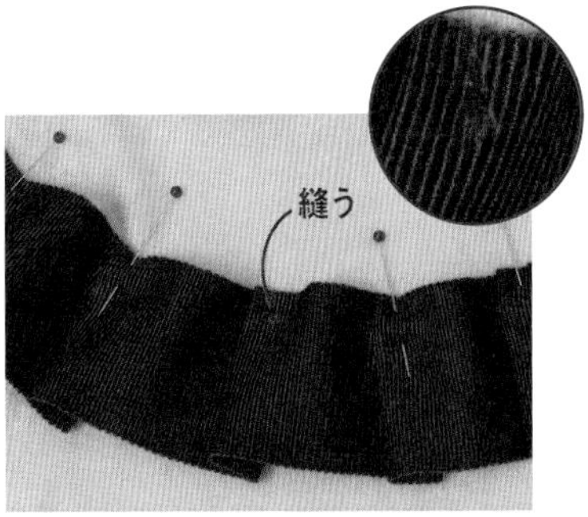

⑤ リボンのタックの上部1か所を、2～3回縫いとめる。

Idea

デコレーションのアレンジいろいろ

●ポンポンデコレーション

〔アレンジの材料〕

直径1cmのポンポン — 適量

〔つくりかた〕

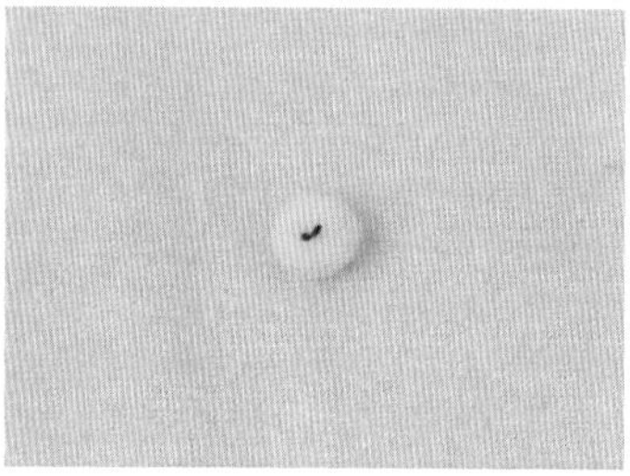

ニットにポンポンを配置して位置を決めたら、ニットの裏から針を出しポンポンの上まで貫通させて、小さく縫う。2～3回くり返してとめる。

●レースデコレーション

〔アレンジの材料〕

バテンレース — 8枚

＊バテンレースは、テープで模様のりんかくを描いて作ったレースのこと。ここでは「リーフ型」を使用しました。

〔つくりかた〕

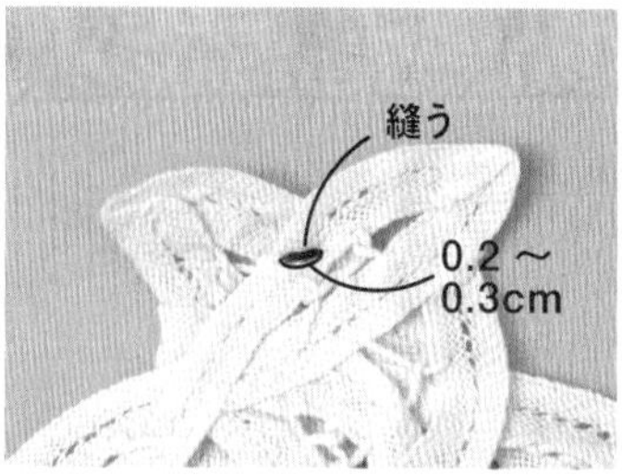

ニットのすそにレースを置き、レースを少しずつ重ねながら配置をしたら、レース同士が重なっている部分を小さく縫いとめる。

100円ショップで
買える！

ドイリーや編み物のコースターなど100円ショップで買えるもので代用できます。

G

Yシャツリメイク

ノーカラータックワンピース

Page 13

Befor ------> After

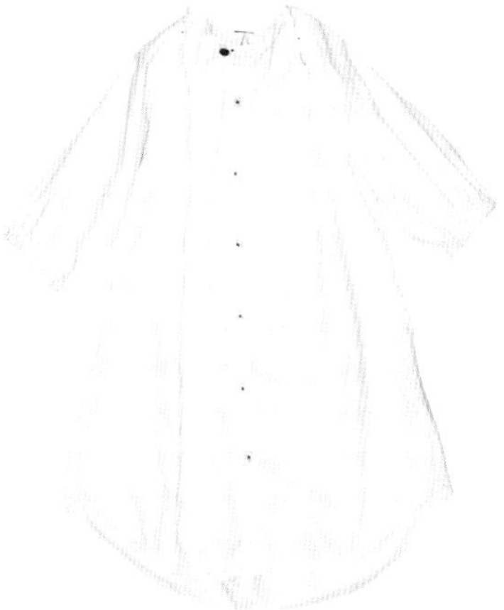

〔材料〕

Yシャツ

＊作品では男性用Lサイズを使いました

直径1.2cmボタン — 1個

1.8cm幅両折りバイアステープ（白）— 約50cm

1cm幅ゴムテープ — 26cm×2本

丸ゴム（白）— 4.5cm

糸（赤）

たっぷり余る布を
つまんでドレープに！
消耗が目立つえりやカフスは
はずしてしまうのもポイント。

〔つくりかた〕

1 えりとカフス部分を取る

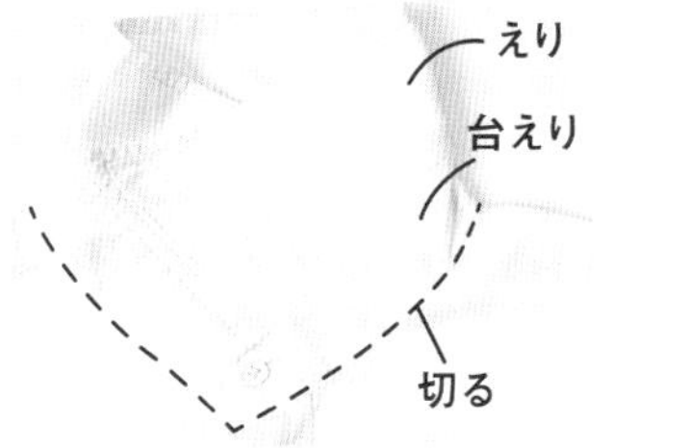

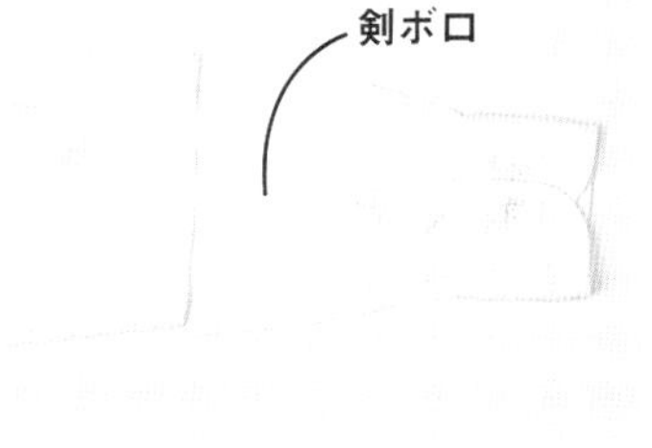

❶ 台えりの下を裁ちばさみでぐるりと切る。

❷ えりをはずしたところ。

❸ そでは剣ボロの上あたりを、裁ちばさみで裁つ。もう一方のそでも同様に裁つ。

2 えりぐりをふちどる

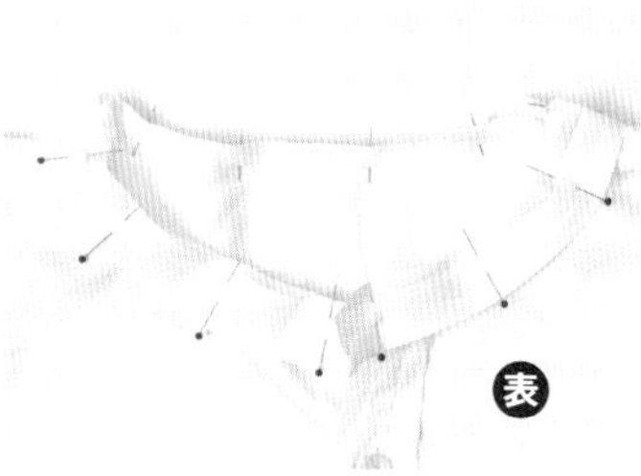

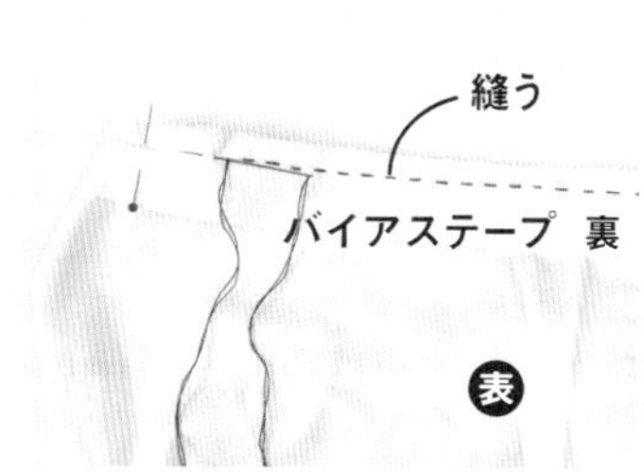

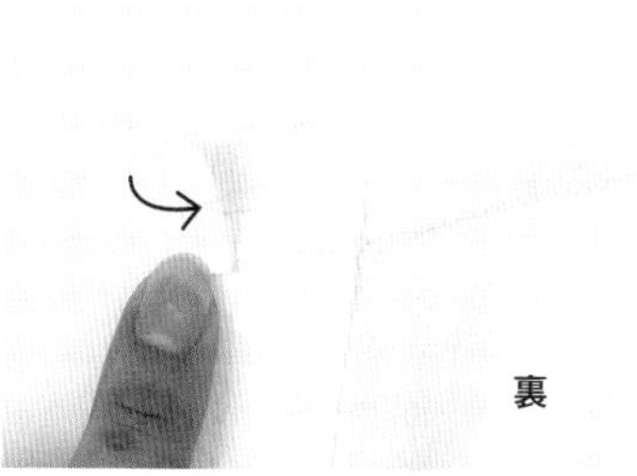

① 「ふちどりテクニック」（⇒p.49）の要領で、えりをはずした首元に沿って、バイアステープを中表で合わせまち針でとめる。その際、両端は1cmほど余分に残す。

② バイアステープの折り目の上を縫う。

③ バイアステープを②の縫い目の位置で上に折り、**1cm残した端を内側に折る**。

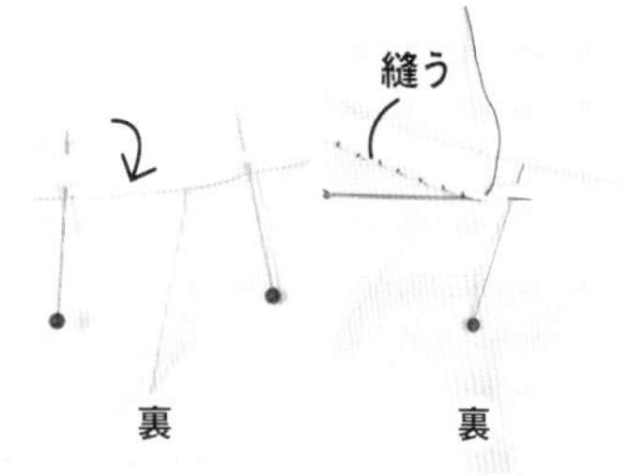

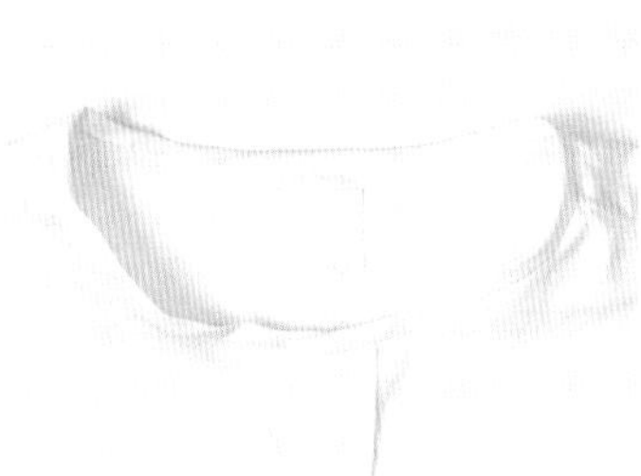

④ えりぐりのふちにバイアステープをかぶせるようにして折ったら、「ふちどりテクニック」（⇒p.49）の要領で、まつり縫いでとめる。

⑤ えりぐりのふちどりが完成したところ。

3 そでにゴムを入れる

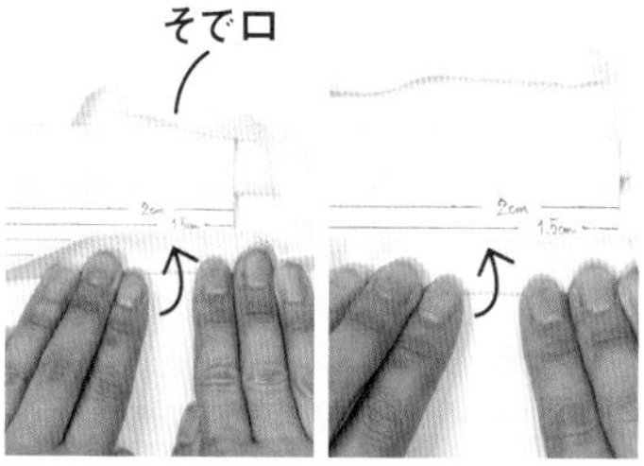

① そで口を三つ折りにする。そでの布端を1.5cm内側に折り、さらに1.5cm折り込む。

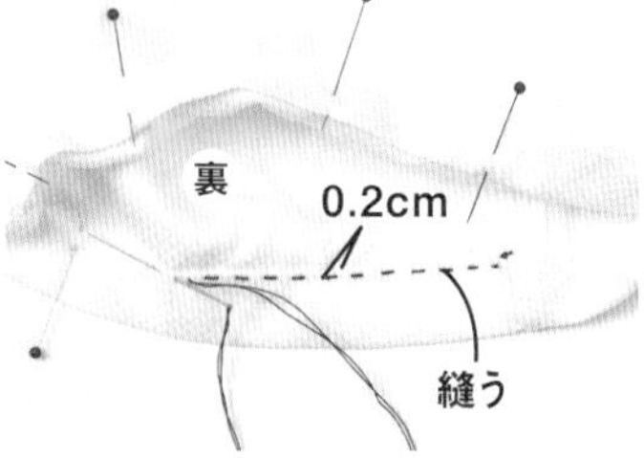

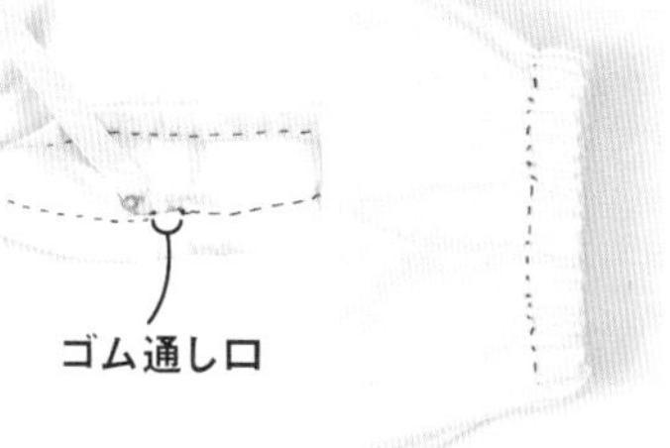

② そで口の三つ折りのきわを、ぐるりと縫う。縫いおわりの手前1.5cmは縫い残して、ゴム通し口にする。

③ ゴム通し口からゴムを入れ、そで口にゴムを通したら、ゴムの両端を縫いとめる。もう一方のそでも同様にする。

4 肩を処理する

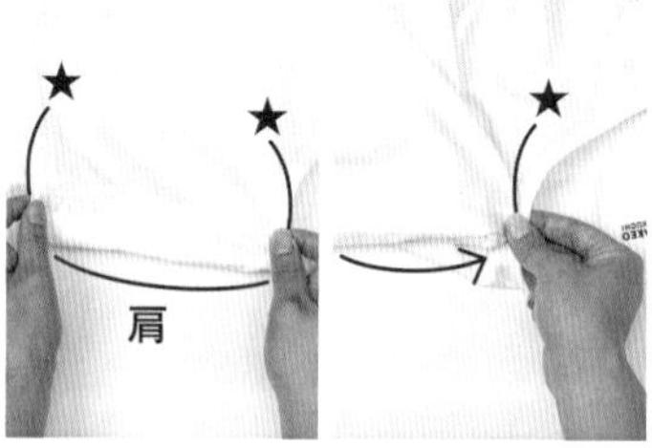

① 肩部分の両端を両手でつまみ、そで側の肩の端を、えり側の端に引き寄せて合わせてまち針でとめる。

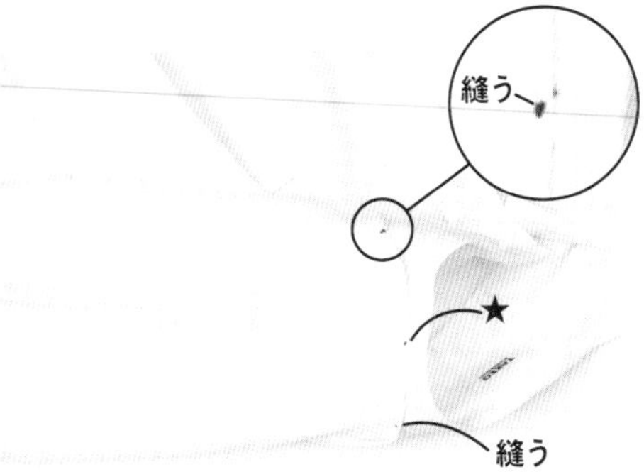

② ①の合わせた★の位置を中心に、そでの布を整えながら、両側指3本分の位置をまち針でとめる。**その3か所、そで布を身頃に小さく縫いとめる**。もう一方のそでも同様にする。

5 後ろ中心にタックを作る

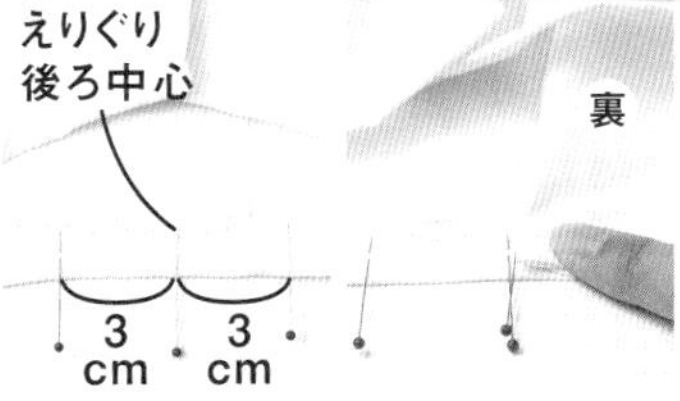

① えりぐりの後ろ中心の両側3cmに印をつける。印を中心に寄せるようにして、後ろ中心の左右に1.5cm幅のタックを作る。

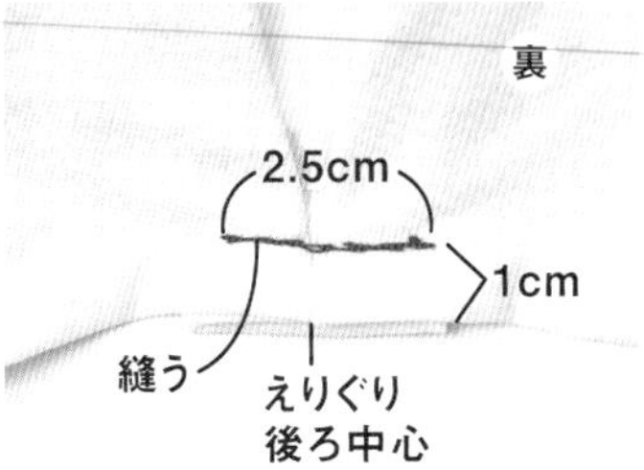

② ①のタックを、本返し縫いで縫いとめる。

6 首元を仕上げる

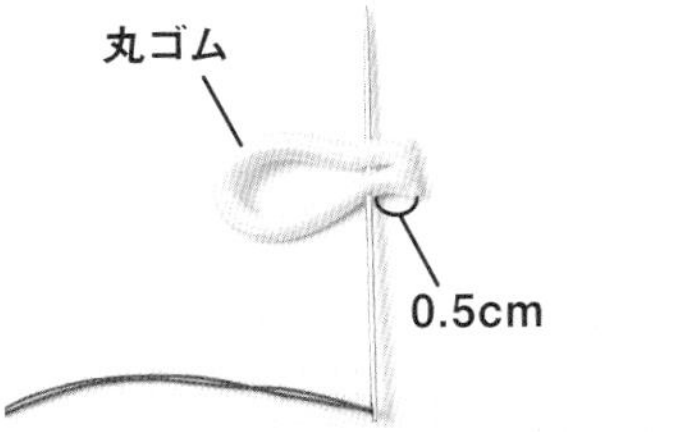

① 丸ゴムを二つ折りにし、糸をつけた針を両端に貫通させる。

② 針を引いたら、丸ゴムに何度か巻きつける。最後に再度針を丸ゴムに貫通させて糸をとめる。針はとらずに休ませておく。

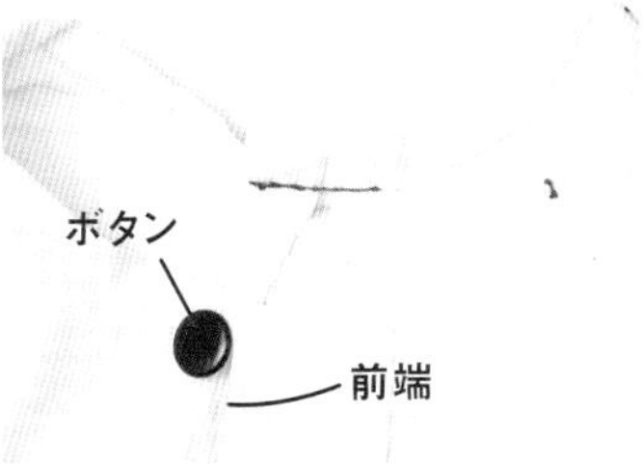

③ 首元を整え、シャツの前端の位置を確認する。前端のすぐそばにボタンを縫いつける。

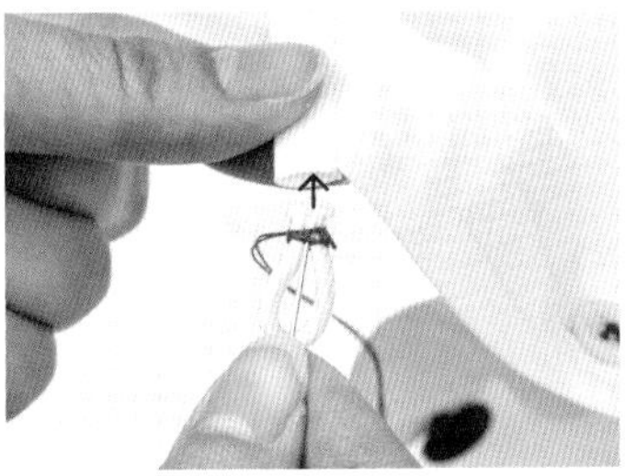

④ えりぐりをくるんだバイアステープの端に、②の丸ゴムを差し入れる。

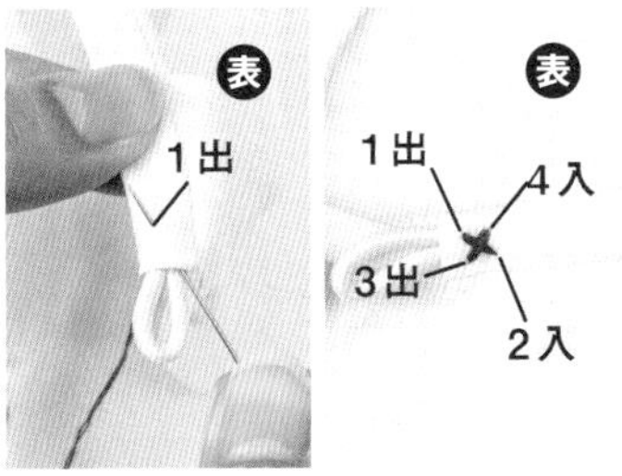

⑤ 休ませていた針で、×印を描くようにして丸ゴムを首元に縫いとめる。

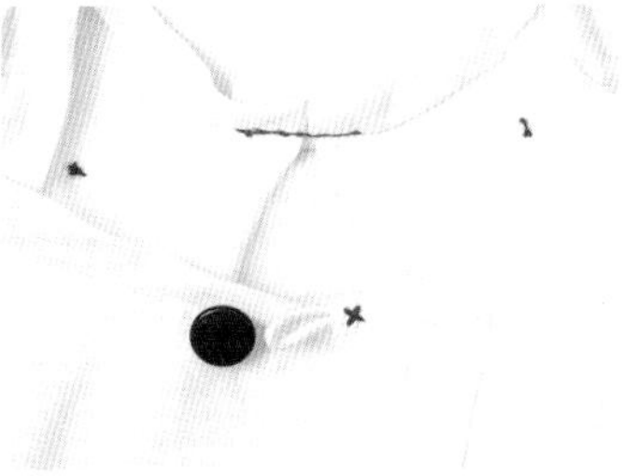

⑥ 完成!

カウチンニットリメイク

ニットジレ

Page 14

Befor ------→ After

〔材料〕

カウチンニット
＊作品では女性用Мサイズを使いました
直径2cmボタン ― 1個
0.4cm幅革ひも ― 8cm
糸（ニットに近い色）

〔つくりかた〕

1 そでをはずす

ニットの身頃とそでの合わせ目をほどいて、両腕をはずす。

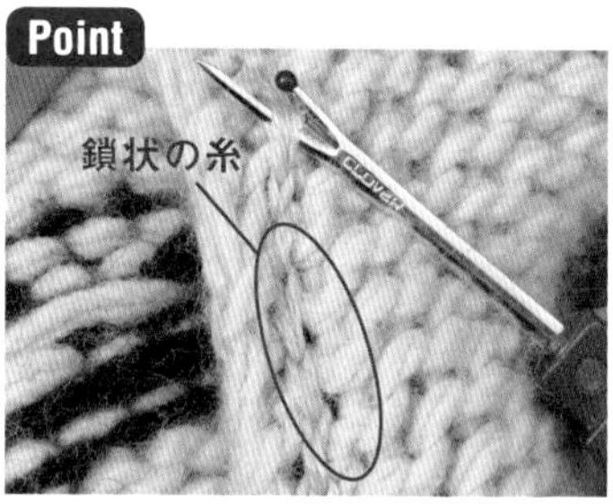

ニットを裏に返し、そでと身頃の縫い合わせ位置を確認し、鎖状の糸が見えたら、そこが縫い目です。糸切りばさみやリッパーを使って鎖状の糸のみをていねいに切りましょう。地の糸を切ってしまうと、編み目がほどけてしまうので注意！

2 脇の処理をする

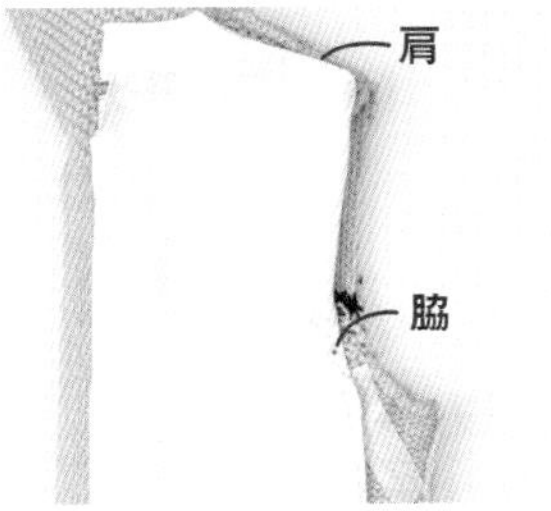

① 身頃をたて半分に折り、肩の位置を合わせて子どもの服を重ねる。そでぐりの大きさを調整するため、脇下の位置から胴体の脇までななめに印をつける。

② 針と糸を2本どりで用意し、脇下位置に針を入れる。

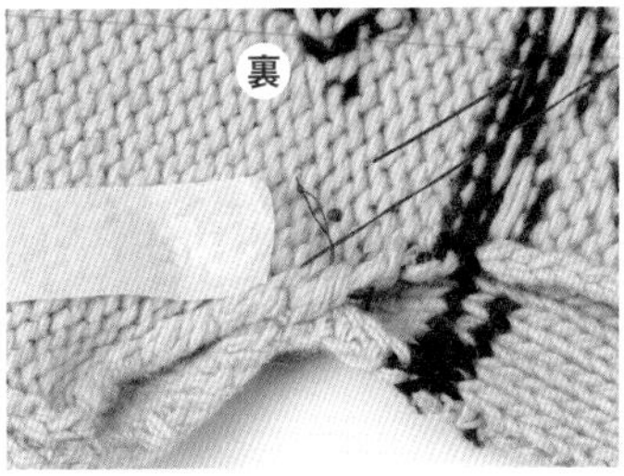

③ 糸を引き、地の毛糸に縫い糸を絡める。

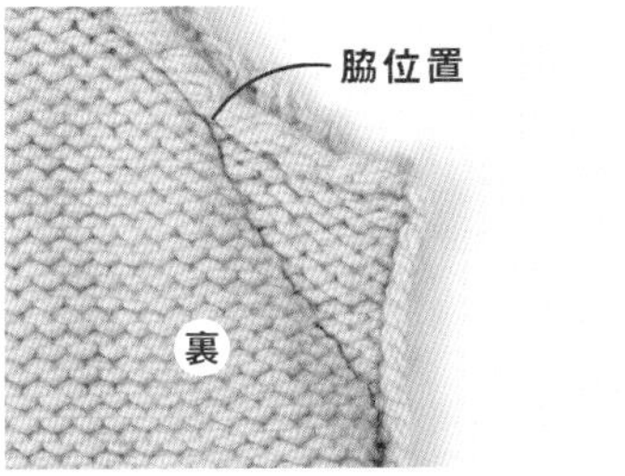

④ 脇下から胴の脇位置まで①でつけた印に沿って、本返し縫いで縫う。

⑤ 反対側の脇も同様に縫う。

3 首元を仕上げる

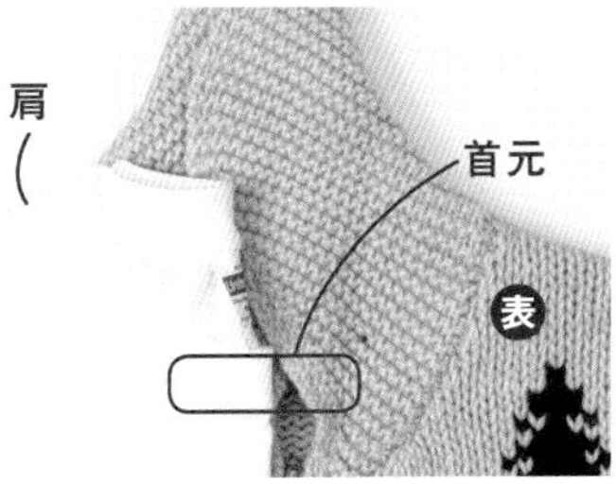

① 子どもの服を重ね、肩の位置を合わせたら、ボタンをつけるために首元の位置を確認する。

② 革ひもを二つ折りにし、つけるボタンの大きさを確かめて、ループの大きさを決める。

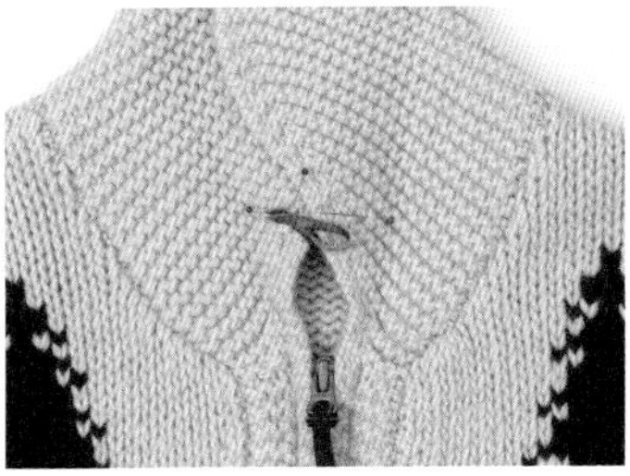

③「ノーカラータックワンピース」手順6-①~②（⇒p.61）の要領で、革ひもで輪を作り、首元の①で印をつけた位置に縫いつける。

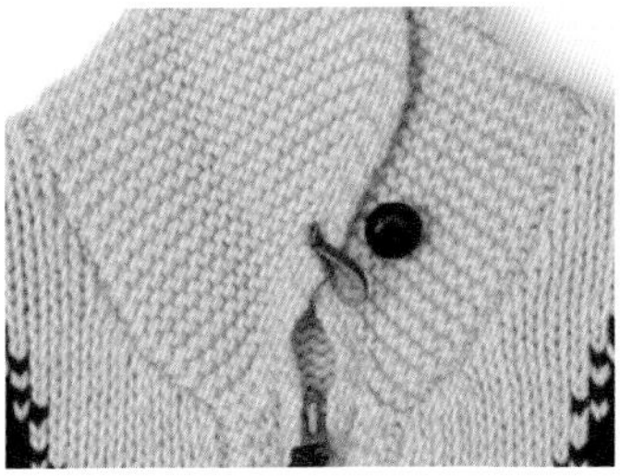

④ ③のループの位置に合わせて、ボタンを縫いつける。

ネルシャツリメイク

ベスト

Page 15

Befor → After

〔材料〕

ネルシャツ
*作品では女性用Mサイズを使いました
直径1.2cmボタン — 4個
1.8cm幅両折りバイアステープ（黒）— 約160cm
好みでワッペン
糸（布に近い色）

Check!

柄布は布の裏に印をつける

ネルシャツなど、布の裏表の判断がつきにくいものは、パーツを裁った段階で裏表がわかるように印をつけておきましょう。

〔つくりかた〕

1 シャツを裁つ

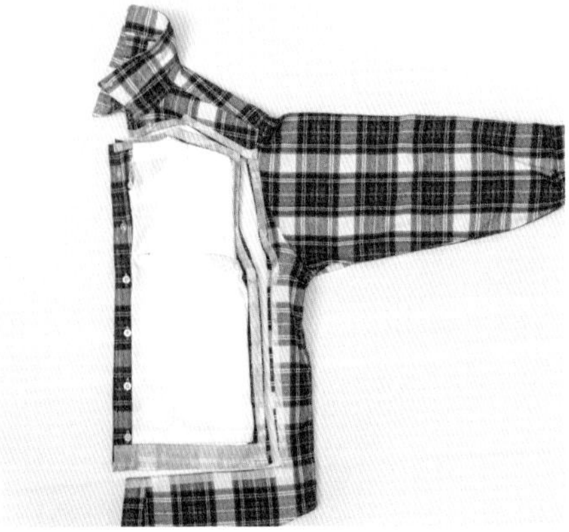

❶ ネルシャツをたて半分に折り、子どもの服を重ねて、マスキングテープで印をつけたら、ベストのパーツを裁ちます。

Point

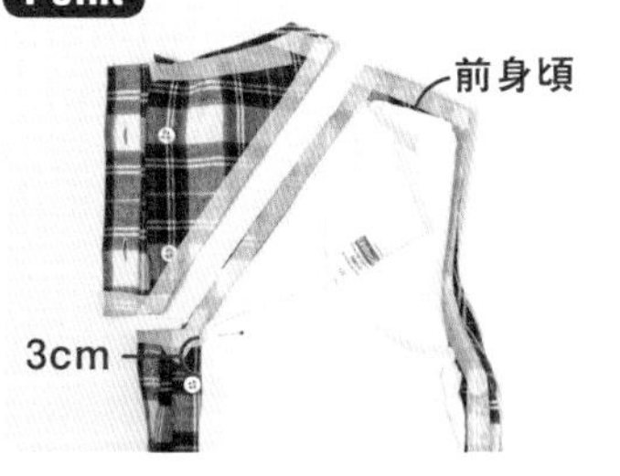

子ども服の首元をななめに折って、ベストのえりぐりの深さを決めます。その際、ベストの第1ボタンから上3cm分布が残るようにしましょう。前身頃のみ、えりぐりをななめに裁ちます。

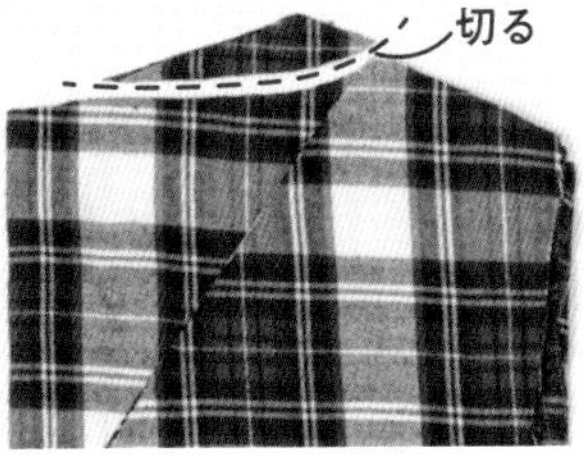

② 後ろ身頃の上部の余分な布をカットする。

2 脇と肩を縫う

前身頃と後ろ身頃を中表に合わせて、両脇を端から1cmの位置で縫う。肩も端から1cmの位置で縫う。

3 そでぐりを処理する

① 「見返しテクニック」（⇒p.48）の要領で、左右のそでぐりにバイアステープを中表で合わせる。

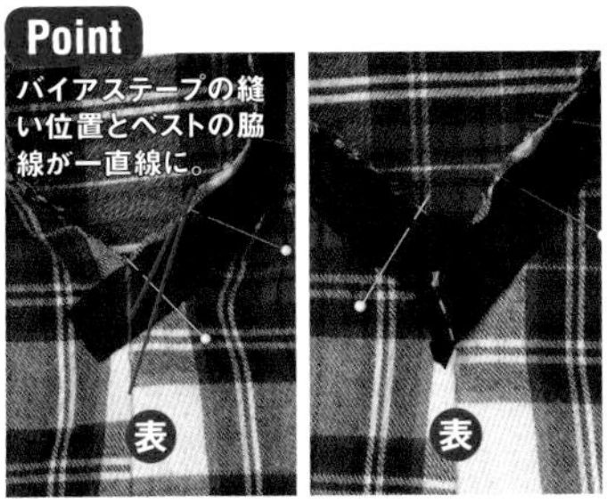

そでぐりのバイアステープの両端は、1.5cmほど長めに残し、脇線の線上で縫い合わせます。細かなことですが、こうするとテープがつることなく、きれいに仕上がります。

② バイアステープの折り目上をぐるりと縫ったら、テープをベストの裏に折り返して縫いとめる。

4 えりぐりを処理する

① 「ノーカラータックワンピース」の手順**5**（⇒p.61）の要領で、後ろ中心に1.5cm幅のタックを寄せたら、そでぐりと同じ要領で、えりぐりにバイアステープをつける。

② えりぐりの処理ができたところ。

5 すそを縫う

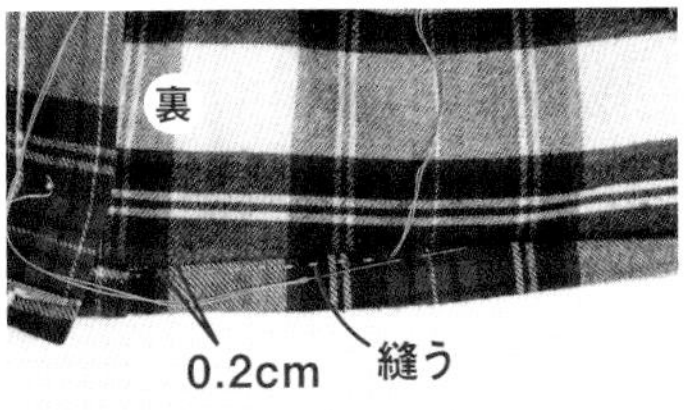

すその布端を1.5cm幅の三つ折りに折ったら、三つ折りのきわをぐるりと縫う。

6 ボタンをつける

元のボタンを取りはずし、同じ位置に好みのボタンを縫いつける。

J

ニットリメイク

ふわふわショートパンツ

Page 15

Befor --------------------> After

〔材料〕

ニット

＊作品では女性用Ｍサイズを使いました

1.8cm幅両折り
　バイアステープ（青）— 約95cm

1cm幅ゴムテープ — 40cm

直径1cmポンポン — 2個

糸（ニットに近い色）

〔つくりかた〕

1 ニットを裁つ

❶ たて半分に折ったニットに、子ども服を重ね全体の長さを確かめたら、裁つ位置にマスキングテープで印をつける。

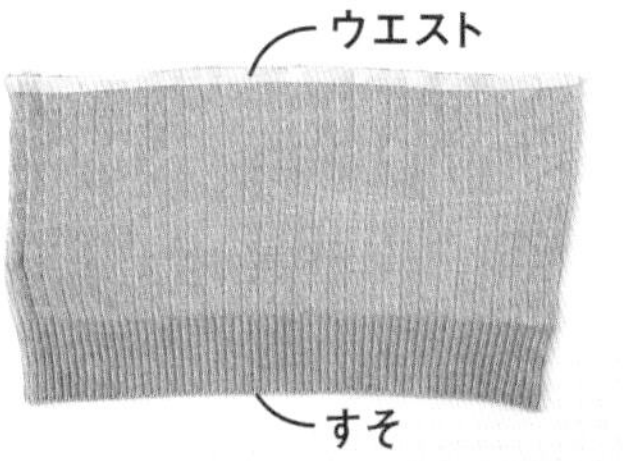

❷ 裁ちばさみを使い、マスキングテープの位置でニットの身頃を裁つ。

2 ウエストを処理する

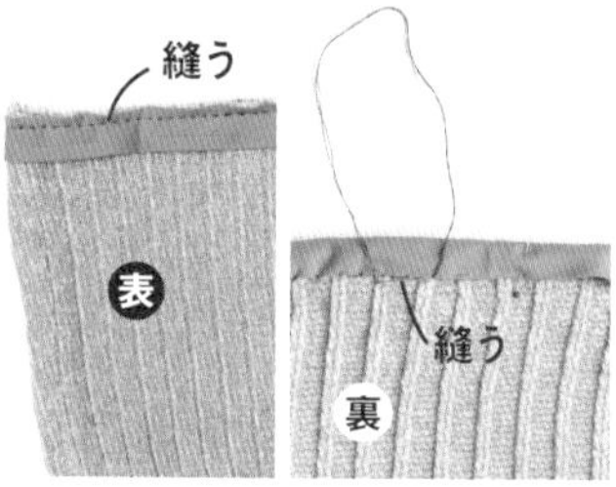

❶「見返しテクニック」（⇒p.48）の要領で、ウエスト位置にぐるりとバイアステープを縫いつける。テープの両端はPointの要領で、ゴム通し口にする。

Point

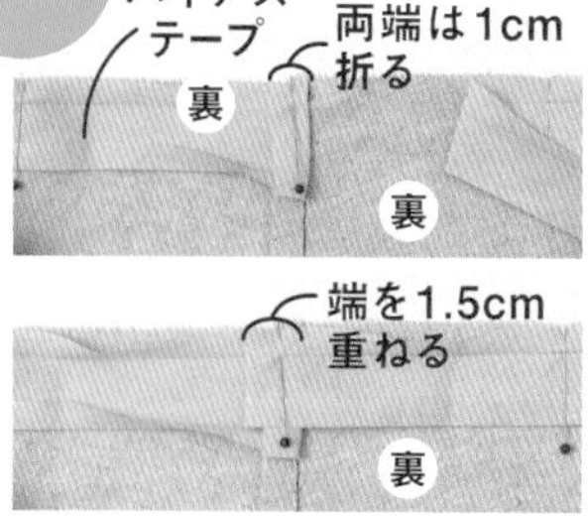

バイアステープの両端をゴム通し口にする場合は、両端を写真の様に処理してから縫うとよい。

❷「ショートパンツ」手順**3**（⇒p.42）の要領で、ウエストにゴムを入れて縫いとめる。

3 股を縫う

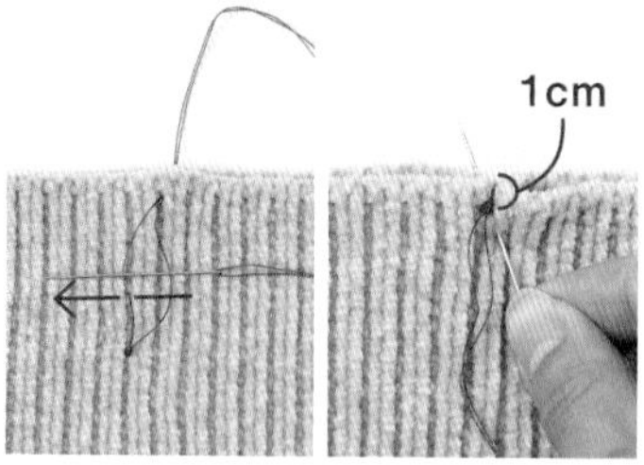

❶ 針と糸を２本どりで用意し、その中心を数回縫う。縫いはじめは糸端の輪に針先を通して固定する。

Lesson 3

はじめてでもできる
パンツレッスン

いよいよ、型紙を使ったお仕立て服にチャレンジ!
この章では、子どもの遊び着にぴったりの
いろんなタイプのパンツを通して
布の選び方、裁断、ミシン縫いのきほんまで
レッスンしましょう。

＊本章以降では、基本的にミシン縫いで作業しています。
＊手順写真では、見やすい色の糸を使っています。
制作する際は、布色に近い糸を使いましょう。
＊手順写真では、布端の始末をしていません。
制作する際は、縫い代にほつれ止め（⇒p.75）をしましょう。

子ども服におすすめの布

リネン

麻素材の布。**平織りで縫いやすいうえ、繊維が丈夫な素材**です。風合いがあって、色数が多いのも魅力。さらっと着られるので、特に春～夏の洋服にぴったりです。

Point 縮みやすいリネン素材は最初に水洗いを!

ざっくりとした織りの布は、洗濯すると縮みます。裁断前に水洗いをしておきましょう。洗濯機のすすぎと脱水を1回ずつ行い、手で伸ばしてから風通しのよい日陰で干します。

コットン

綿素材の布。リネンと同じ**平織で縫いやすい素材**です。薄地～厚地、色柄もさまざまそろっています。洗濯にも強いので、ふだん着にぴったり。麻と混紡したハーフリネンもおすすめです。

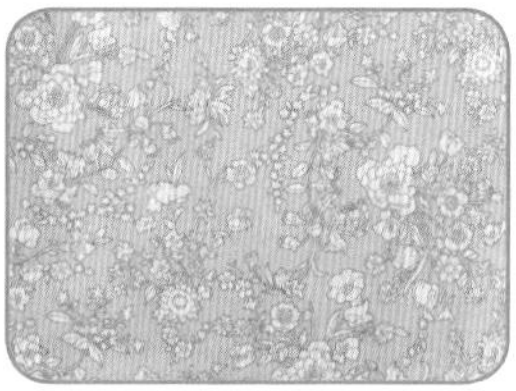

タナローン

細いコットン糸で織られた上質なコットン布。シワになりにくく、着心地もよい素材です。

綿レース

薄く、透け感のある布に刺繍をほどこした素材。春～夏のブラウスやワンピースにぴったり。

コーデュロイ

厚地のコットン素材で、たてにうねがあります。**しっかりとした生地で、あたたかい**ので秋〜冬のパンツ、ワンピース、シャツなどにおすすめです。

起毛コットン

表側に**毛羽がある、やわらかいコットン布**。綿ネルともいいます。やわらかく、着心地もよい布です。秋〜冬のパンツなどに◎。

Check!

布には方向や裏表がある！

たて糸とよこ糸を織って作るのが布です。たて糸はハリが強いので、**布目をたて方向に合わせると、型くずれしにくい服に**仕上がります。また、裏表もあり、色や柄がはっきり見える側、織りがきれいな面が表となります。

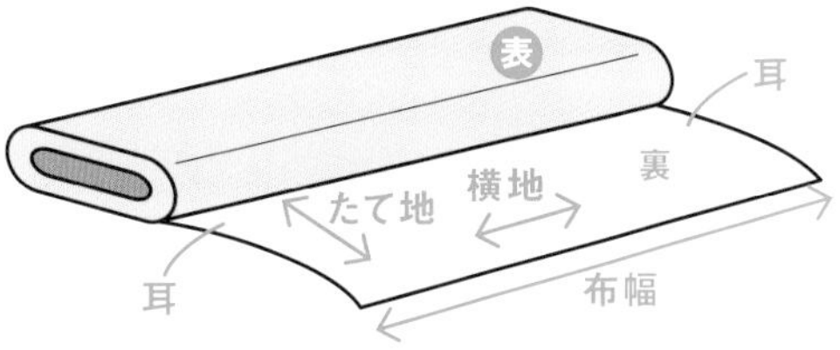

型紙を使ってみよう

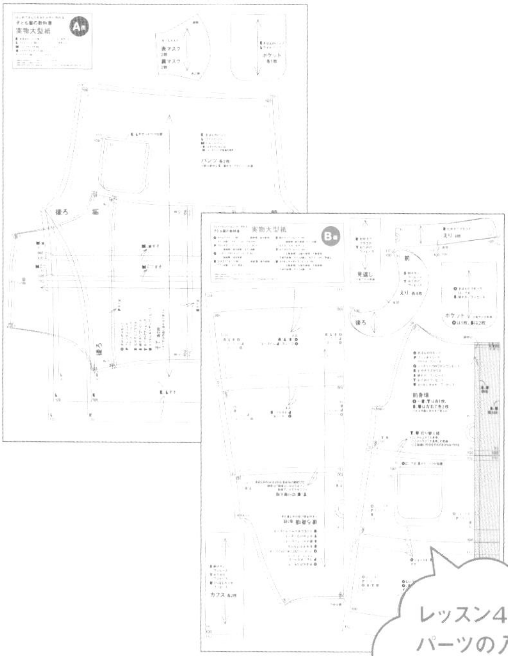

レッスン4の作品は
パーツの入れ替えで
デザインのアレンジも
できます！

型紙とは？

服は胴体部分の身頃、腕部分のそでなど、各パーツを縫い合わせて仕立てます。それぞれのパーツは、できあがったときに体に合うような形をしています。**布をその形どおりに裁つための型が「型紙」**です。1作品だけ作る場合、付録の実物大型紙をそのまま切って使ってもいいでしょう。ただし、いろいろなアイテムを作ろうと考えているときは、**型紙を写して使う**のが安心です。

この本の型紙は
縫い代込みの
型紙ですよ。

Check!

最初に確認しておきたい型紙から裁断までの流れ

Step 01
型紙を写して切る

作りたい作品とサイズを決めたら型紙を探します。そこに、ハトロン紙を重ねて型紙の線を写したら、線に沿って工作用はさみで切りましょう。

Step 02
布に型紙をのせる

布を平らに広げ、各作品の「裁ち合わせ図」を確認しながら、型紙を布の上に配置します。布の方向に注意しながら置きましょう。

Step 03
型紙の線を写して、布を裁つ

チャコペンで型紙の形を布に写します。この本の型紙は縫い代を含んだ大きさなので、写した線に沿って布を裁ちましょう。

1 型紙を写す

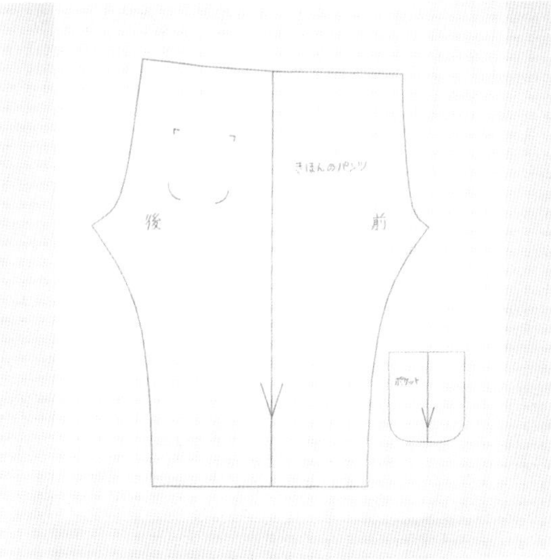

実物大型紙を広げ、ハトロン紙の裏面（ザラザラしている面）を上にして重ねる。**動かないようにテープなどで軽くとめたら、えんぴつで型紙の線をなぞる**。フリーハンドでも構いませんが、直線は定規を使うほうが早くてキレイ。パーツごとに切るので、本体、ポケットとパーツが重ならないようになぞる。

Point

布目線や情報も書き込む

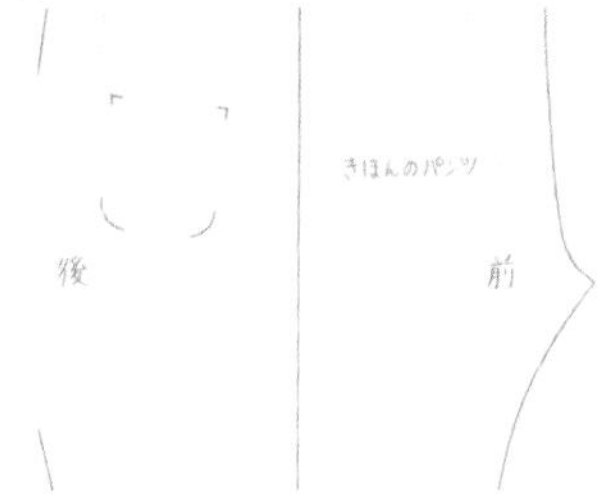

布目線の矢印、パーツの名前、前/後などの情報も、パーツの線内に書き写します。合印、ポケットのつけ位置なども忘れずに!

2 型紙を切る

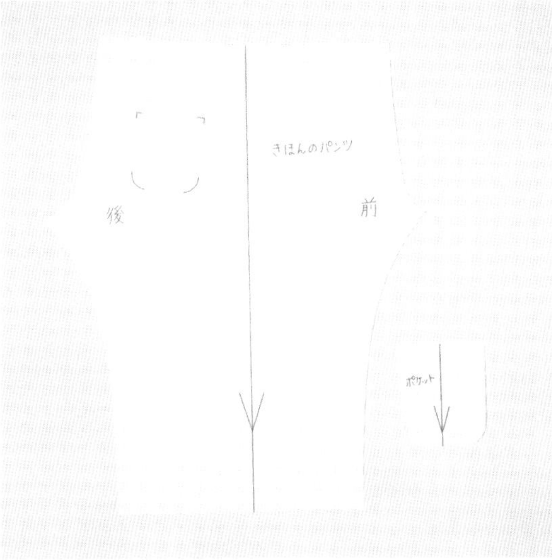

必要なパーツをすべてハトロン紙に写したら、工作用のはさみで型紙を切る。

Point

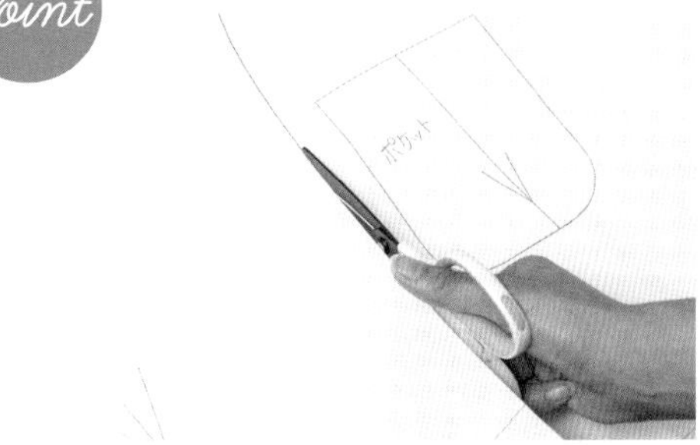

裁ちばさみでなく工作用のはさみで

型紙を切る際は、**裁ちばさみを使用するのはNG**。紙を切ると刃が傷んで切れ味が悪くなるからです。工作用のはさみを使いましょう。

写した線の内側を切る

切るときは、線の上か、線の内側に沿うように切り進めます。**切った型紙にえんぴつの線が残らない**のが理想です。

3 布地を合わせる

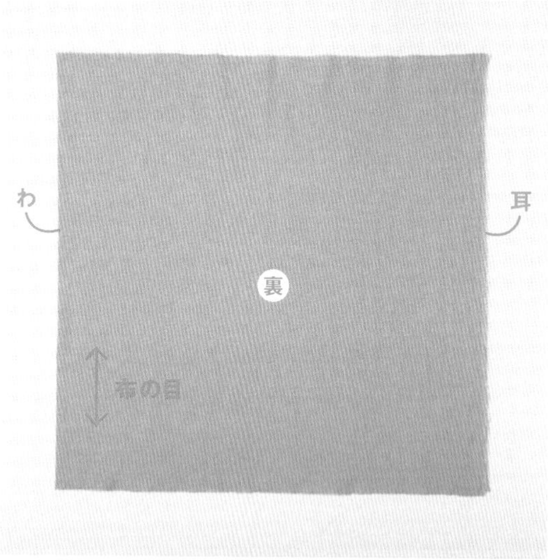

布を広げ、裁ち合わせ図のように折る。この本では、指示がない場合、**布の表が内側（裏が外側）になるように合わせる「中表」**にしている。なお、表が外側になるように合わせることを「外表」という。

Point 「裁ち合わせ図」を確認する

布を合わせる際、半分に折ることが多いですが、そうでないことも。どのくらいの幅で折っているかは裁ち合わせ図を確認しましょう。

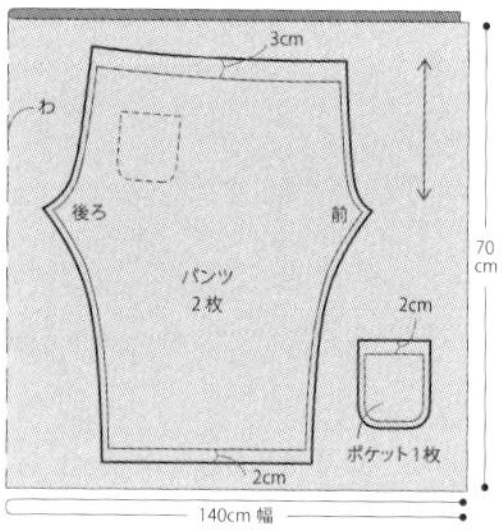

4 布地に型紙を置く

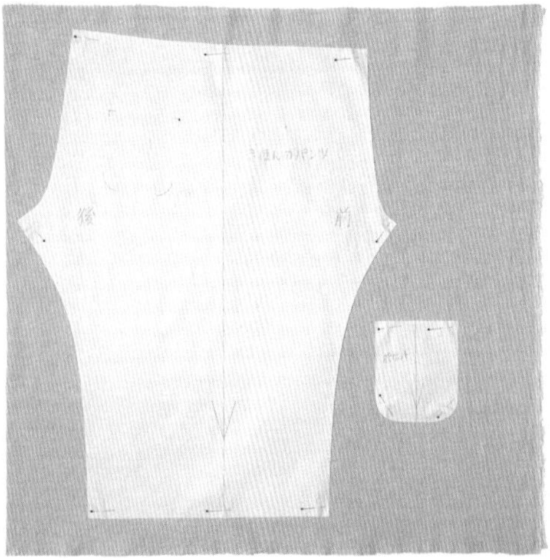

作品の裁ち合わせ図を参考にして、型紙を布の上に配置する。**大きいパーツから配置し、余ったスペースに小さいパーツを置く**とよい。さらに、型紙に書いた布目線（↕）と布の耳が平行になるようにしたら、まち針でとめる。

Point

布目をそろえる

布のわと方眼つきの定規の端を合わせて、型紙の布目のたて線（↕）がそろっているか確認を。**位置をずらして2か所ほどで見ましょう。**

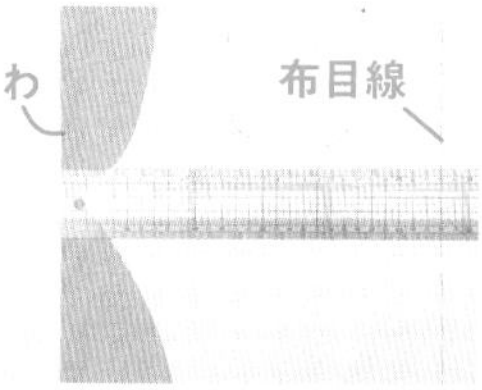

型紙と布地2枚をいっしょにとめる

型紙の角になっている部分をまち針でとめます。針は下の布までいっしょにすくいましょう。

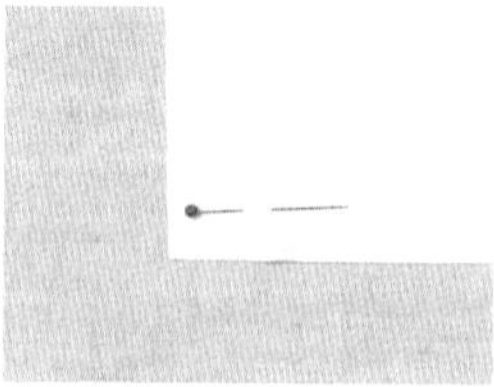

5 布地に裁ち線を写す

この本では縫い代線を
足さなくてOK！

チャコペンで型紙に沿ってなぞり、布に型を写す。**この本の型紙は、縫い代込みの大きさ***になっているので、書き込むのは縫い代線のみになる（仕上がり線は省略してOK！）。**合印もつける。**写しおわったら、型紙をはずし、再度まち針で布2枚をとめる。

*ただし、TとUの作品はのぞきます。

Point

フリーハンドでなぞってOK

なぞるのはフリーハンドでOK！ 型紙のラインに沿ってていねいに写して。

6 布を裁つ

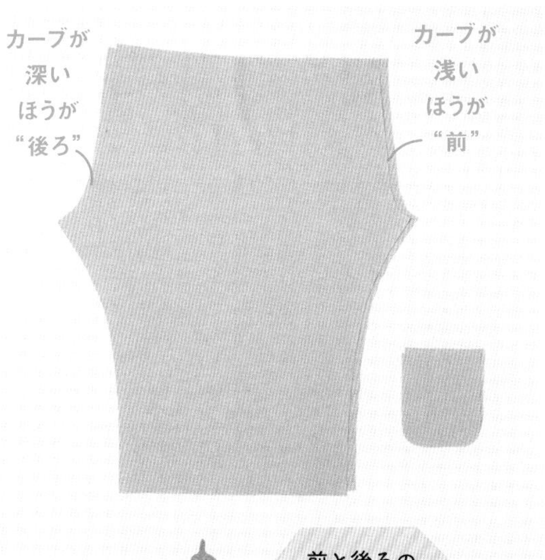

布は持ち上げずに置いたまま、線に沿って裁ちばさみで切る。切る際はつねに体の正面にはさみがくるようにするとよい。最後に下側の布にも合印をつけ、まち針をはずす。

前と後ろの
見分け方を
おぼえて！

Point

2枚いっしょに裁つ

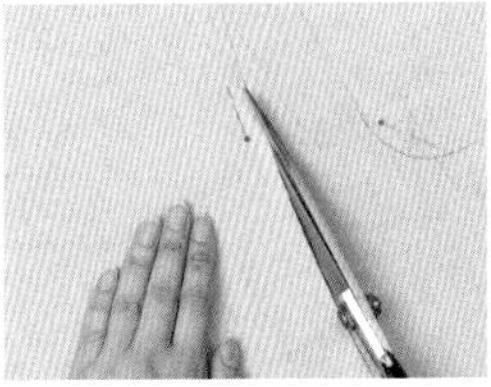

布を切るときは、同じ形にするためにも**2枚いっしょに切ります。**

布の表に印をつける

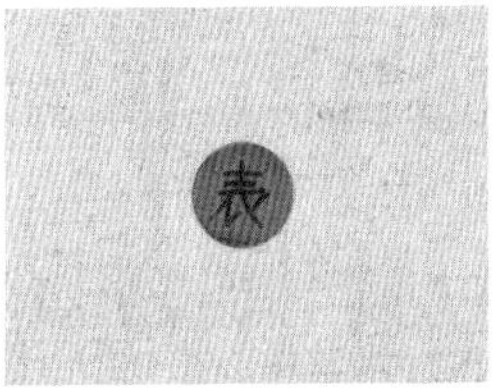

裏表がわかりにくい布の場合は、テープやシールなどで印をつけて。縫い間違いなどのミスを減らせますよ。

【ポケットなど別パーツがある場合】

1 本体に印をつける

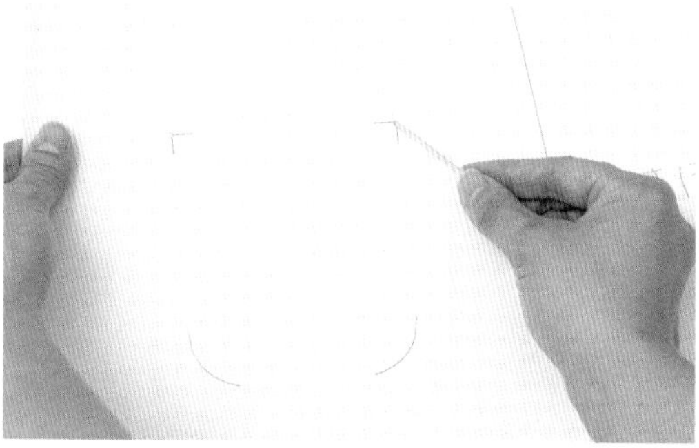

❶ ポケット位置の角に、つまようじなどで穴をあける。

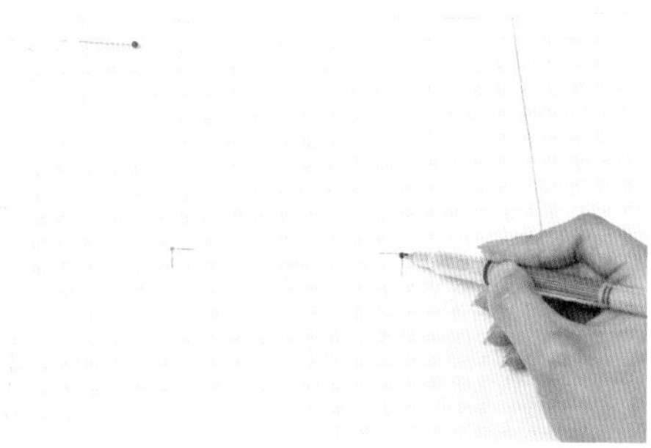

❷ ポケットをつける布を表側を上にして置き、型紙をのせて固定したら、❶の穴からチャコペンで布に印をつける。

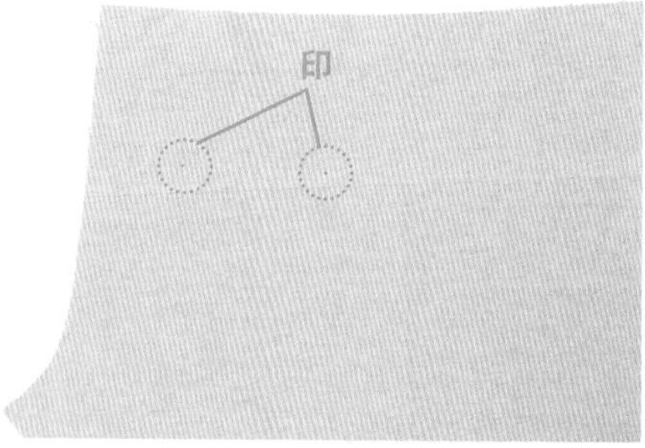

❸ 型紙をはずす。

2 別パーツを合わせる

ポケットをつける際は、❷でつけた印にポケット布の角を合わせて置き、まち針で本体に仮どめする。

合印も忘れずにつけよう！

「合印」は2枚以上の布を合わせるときに、位置がずれないようつけておく目印です。**型紙についている合印は、忘れずに布にも写しましょう**。きれいに仕上げるための小さなコツです。

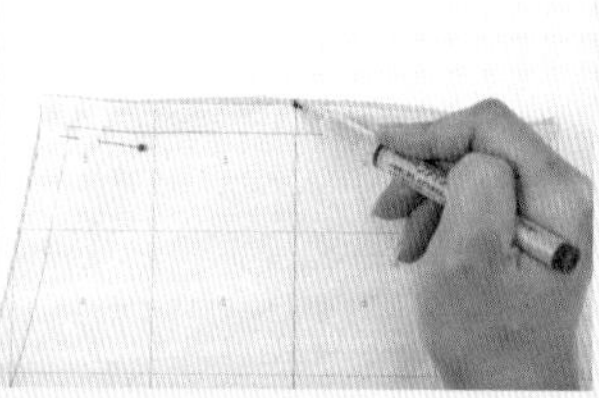

身頃とえりなど、形の異なるパーツを合わせるときには合印を基準に、位置合わせをします。

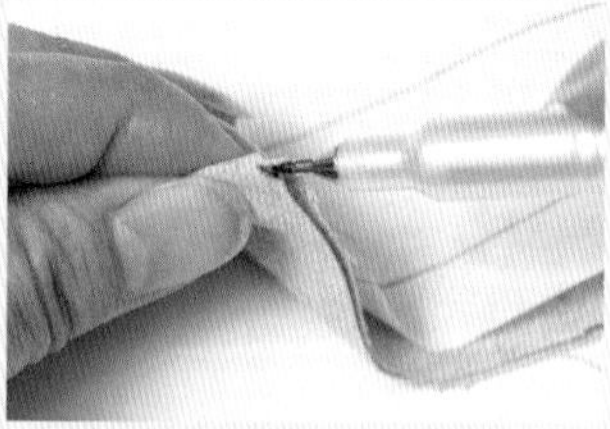

わになってる位置の印は、指でつまみながらつけましょう。

おぼえておきたい！ **ミシン縫いのテクニック**

Technique 01 仕上がりを左右するまち針づかい

布同士を縫い合わせる際は、まず布にまち針を打って仮どめします。**できるだけ小さくすくえば、布がゆがみません。**

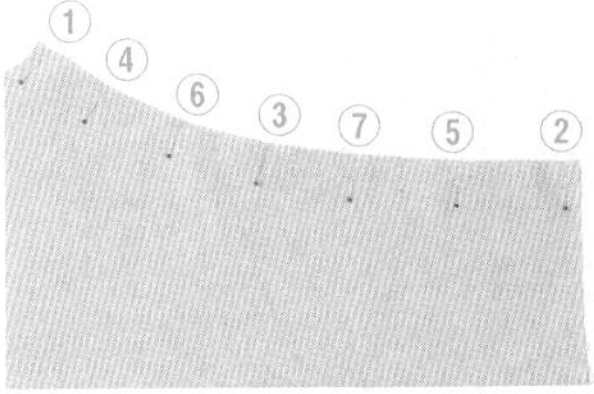

まち針を打つときは写真のように、縫いはじめ、縫いおわり、中央と打つようにすると、位置がずれにくいでしょう。

Technique 02 仕上がり線は布ではなくミシンにつければOK

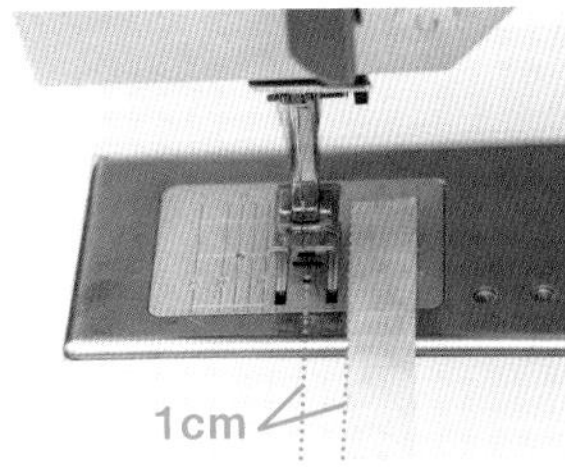

この本では、裁断までの手間をできるだけ減らすために、縫い代込みの型紙になっています。基本の縫い代は1cm。ミシン針から1cm右に、マスキングテープで印をつけましょう。**縫う際には、布端とテープの端が合うようにすればOK！**

Technique 03 縫い代のジグザグミシンでほつれ知らずに

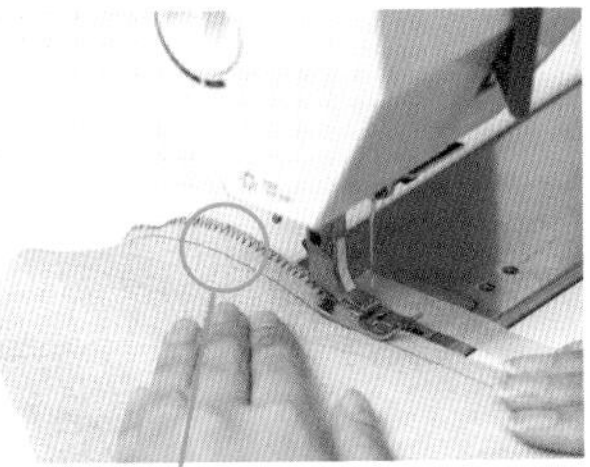

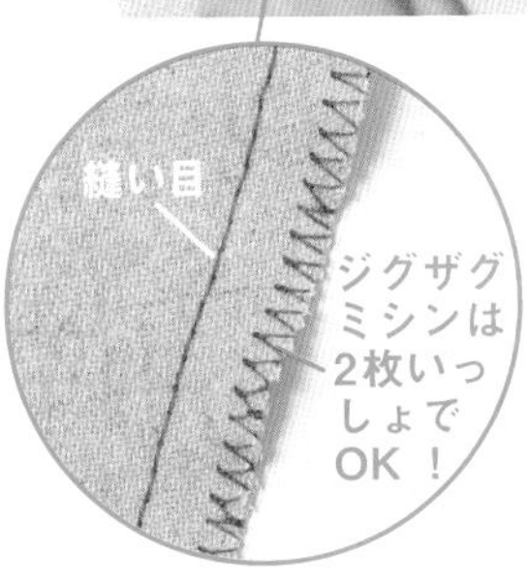

「ジグザグミシン」は、一般的な縫い代の始末方法です。布を縫い合わせたら、**縫い代の端にかならずジグザグミシンをかけて。**切り口がジグザグになる、ピンキングばさみで処理してもいいでしょう。

＊この本の手順写真では、それぞれの縫い目が見やすいようにジグザグミシンをかけていません。

Technique 04 ギャザーなどは目打ちで押さえながら送る

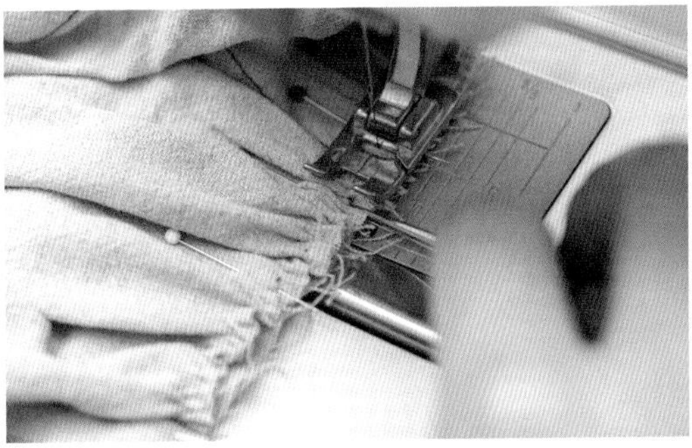

布を寄せるギャザーは、ミシン縫いしにくい工程のひとつ。手で送ってもかまいませんが、布がひっかかりやすいので、**目打ちで布を押さえながら縫い進める**のがおすすめ。布がよりスムーズに進みます。

K きほんのパンツ

Page 16・17

〔でき上がりの大きさ〕
サイズ90 ― ヒップ82×パンツ丈51cm
サイズ100 ― ヒップ86×パンツ丈55cm
サイズ110 ― ヒップ90×パンツ丈59cm

〔材料〕
布（リネン／白）― 140cm幅×70cm
1cm幅ゴムテープ ― 40～45cm
糸（布に近い色）

back

〔裁ち合わせ図〕 ＊表記のない縫い代はすべて1cm。

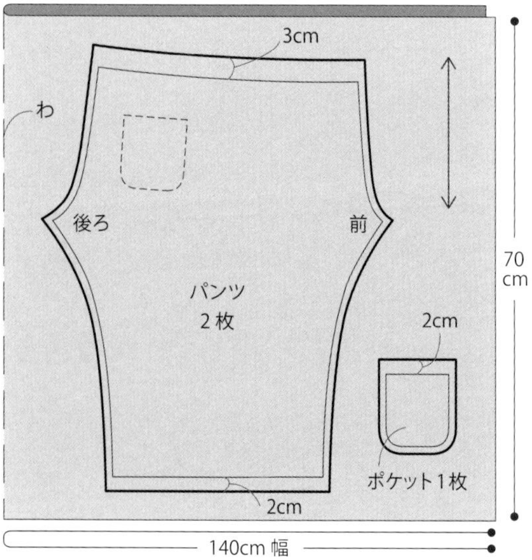

〔つくりかた〕

1 布を裁つ

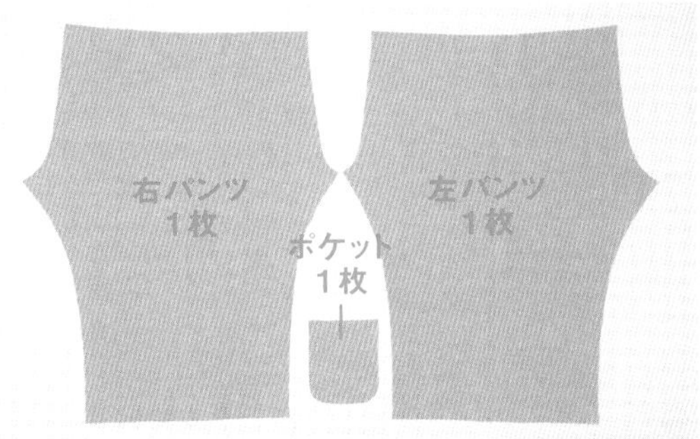

裁ち合わせ図のとおり、布を裁つ。右パンツの表にポケットつけ位置の印をつける。

2 ポケットを作る

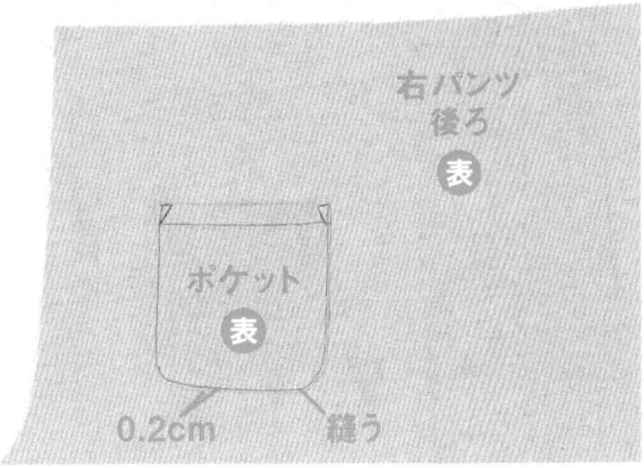

「ポケットを作る」（⇒p.79）の要領で、ポケットを作り、右パンツの表のポケットつけ位置にポケットを縫いつける。

3 股下を縫う

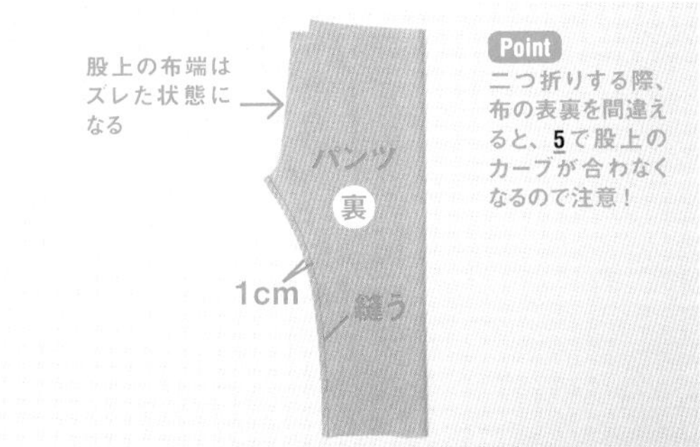

パンツ布をたてに二つ折りにして、**股下の布端のラインに沿って**中表に合わせ、股下を縫う。もう1枚も同様に縫う。

4 すそを縫う

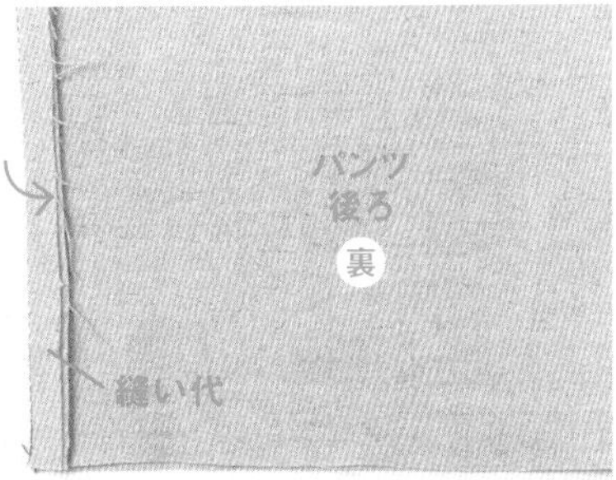

❶ 股下の**縫い代を後ろ側に倒して**、アイロンで押さえる。もう1枚も同様にする。

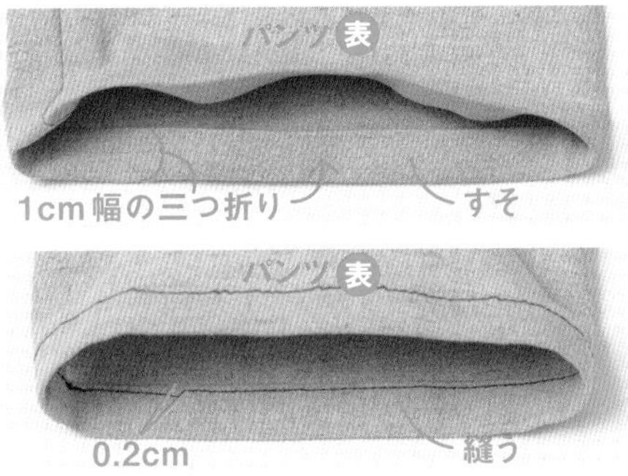

❷ パンツのすそを三つ折りにする。すその布端を1cm内側に折り、さらに1cm折り込んだら、三つ折りのきわをぐるりと縫う。もう1枚も同様にする。

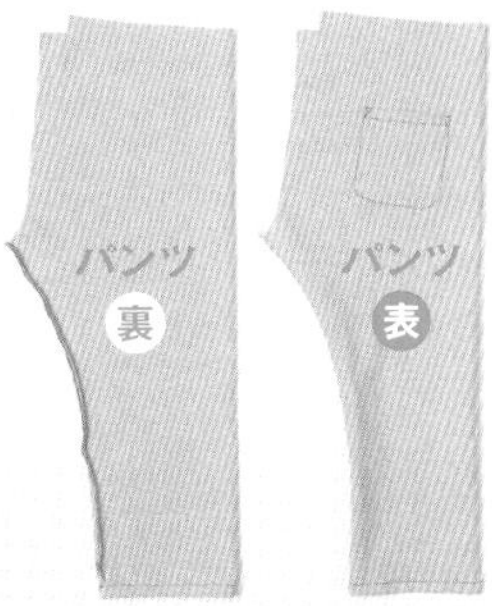

❸ パンツを1本だけ表に返す。

5 股上を縫う

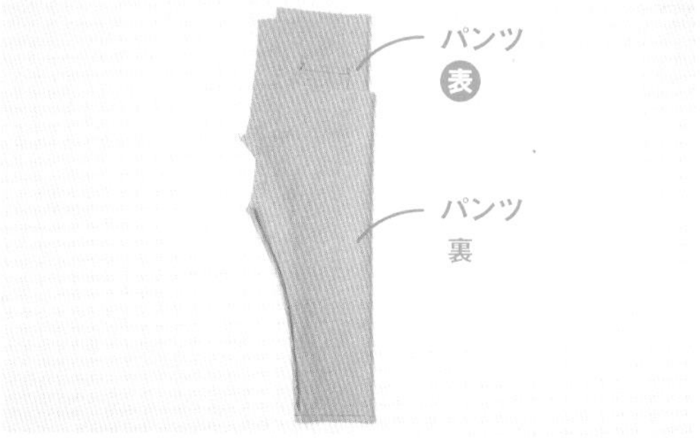

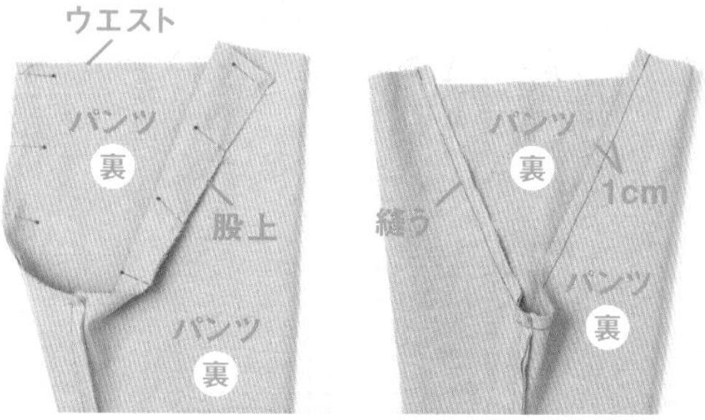

❶ 表に返したパンツをもう1本のパンツに入れて、2本を中表に合わせる。

❷ 股上の布端を合わせて、端から1cmのところを縫う。縫い代は右パンツ側に倒して、アイロンで押さえる。

6 ウエストを処理する

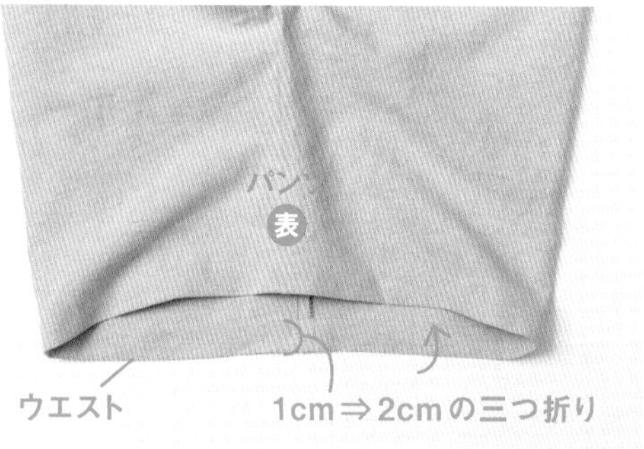

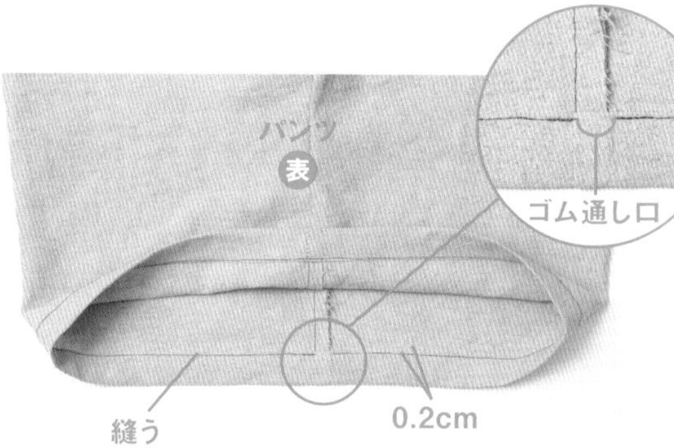

❶ パンツを表に返し、ウエストを三つ折りにする。ウエストの布端を1cm内側に折り、さらに2cm折り込む。

❷ ウエスト部分の三つ折りのきわを、ぐるりと縫う。その際、**縫いおわりを1.5cmくらい縫い残し、ゴム通し口**にする。

7 ウエストにゴムを入れる

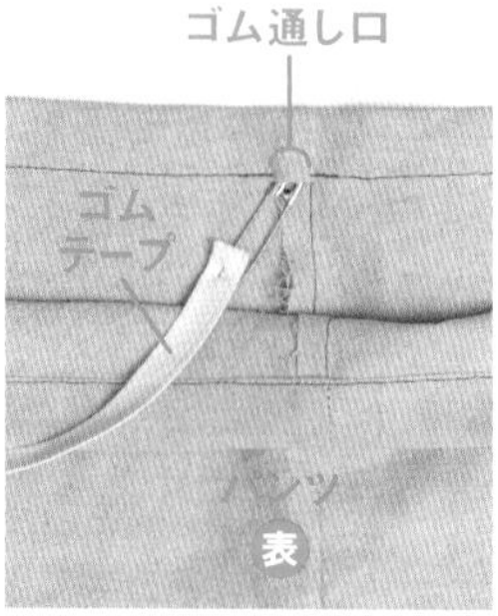

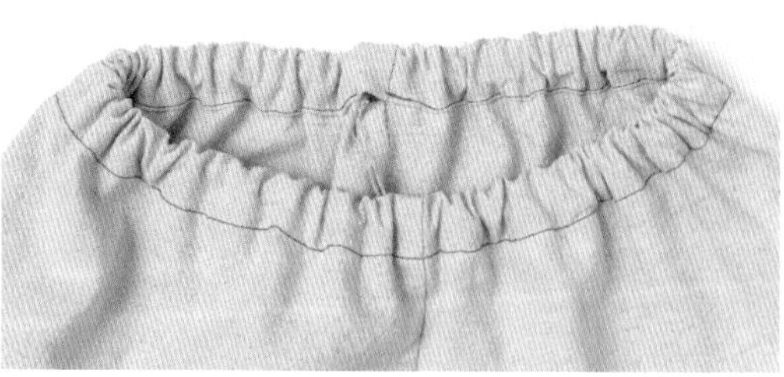

❶ 6-❷のゴム通し口から1cm幅ゴムテープを通して、ゴムの両端を縫いとめる。

❷ ゴムをウエストの中にしまって完成！ ゴム通し口はそのままでも目立たない。

ポケットを作る

Point

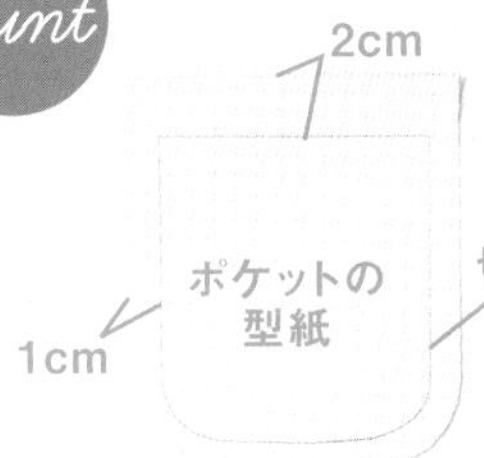

角を丸くしたタイプのポケットを作るときは、ポケットの型紙を厚紙で用意して。**型紙はでき上がりのサイズでカット**します。

1 ポケット口を作る

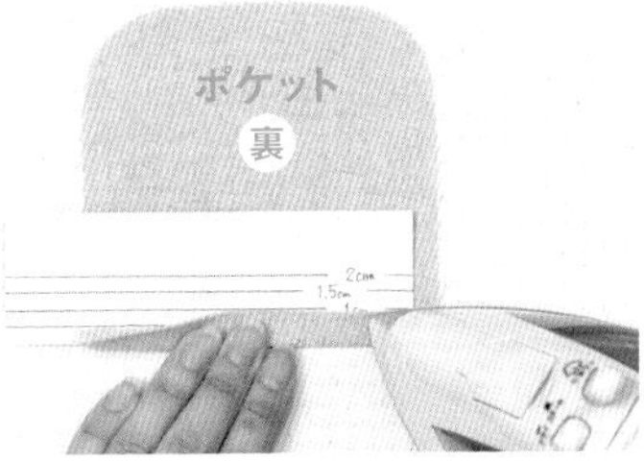

❶ ポケット口を三つ折りにする。布端を1cm内側に折り、さらに1cm折り込む。

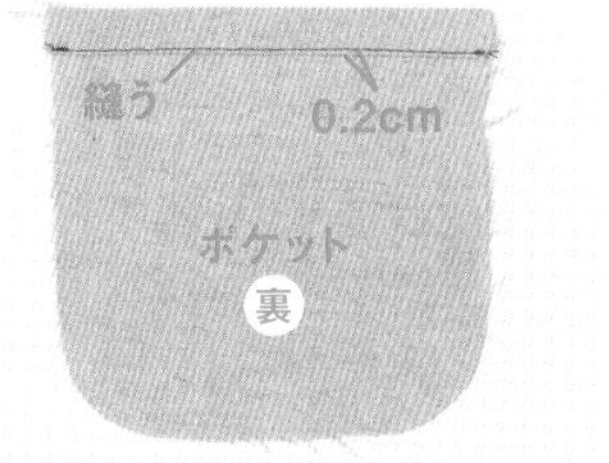

❷ ポケット口の三つ折りのきわを縫う。

2 縫い代を折る

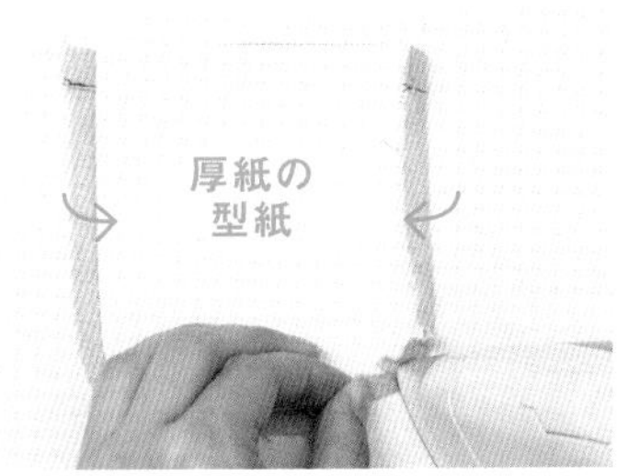

❶ ポケット布の裏を上にして置き、厚紙の型紙を重ねたら、左右と底を端から1cmの位置で内側に折り込む。**カーブは布を寄せるようにアイロンで押さえる。**

❷ しっかり縫い代が折れたら、型紙をはずす。

3 本体に縫いつける

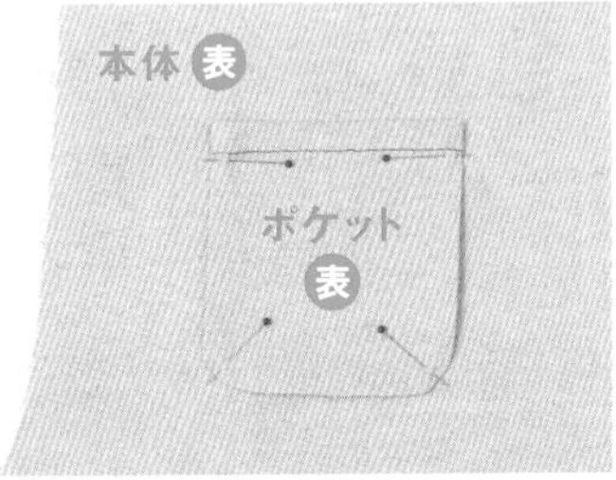

❶ ポケットの縫いつけ位置を確認し、ポケットの表を上にして縫いつけ位置に仮どめする。

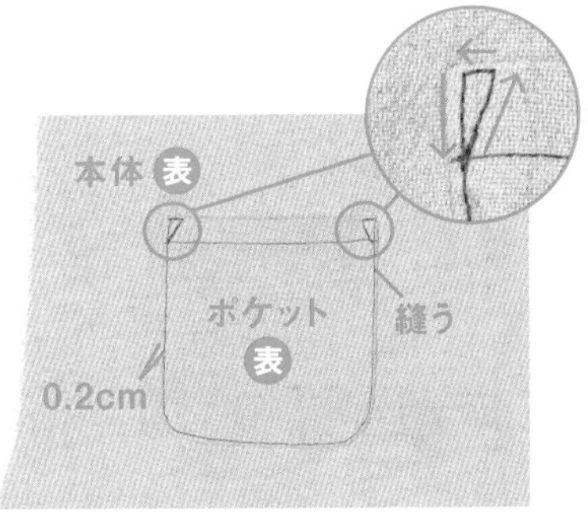

❷ ポケット口は縫い残し、ポケットの左右、底の3辺のきわを縫う。縫いはじめと縫いおわりは、三角に縫って補強する。

L ワイドパンツ

Page 18

〔でき上がりの大きさ〕
サイズ90 ― ヒップ82×パンツ丈51cm
サイズ100 ― ヒップ86×パンツ丈55cm
サイズ110 ― ヒップ90×パンツ丈59cm

〔材料〕
布（起毛コットン／白×茶チェック）― 108cm幅×70cm
1cm幅ゴムテープ ― 40 ～ 45cm
糸（布に近い色）

〔裁ち合わせ図〕
＊表記のない縫い代はすべて1cm。

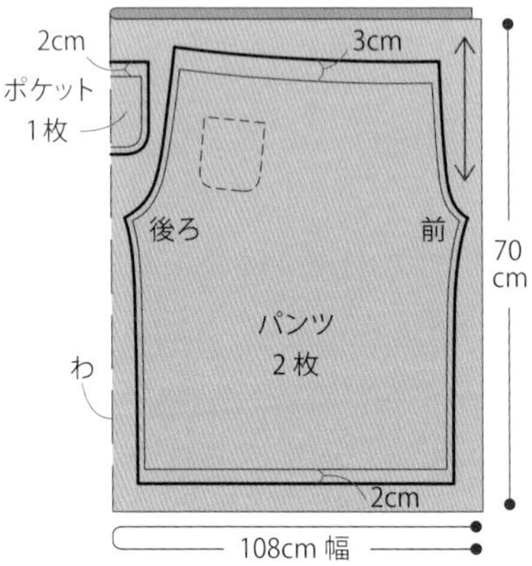

〔つくりかた〕

1 布を裁つ

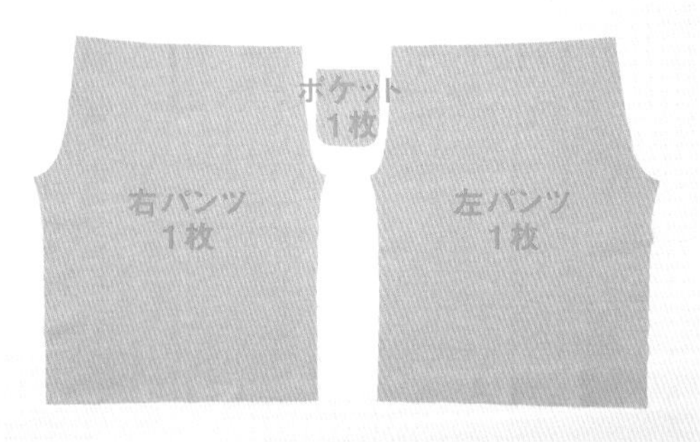

裁ち合わせ図のとおり、布を裁つ。右パンツの表にポケットつけ位置の印をつける。

2 ポケットを作る

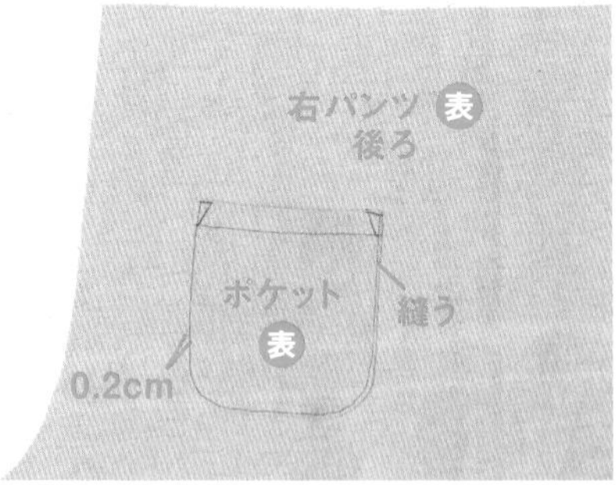

「ポケットを作る」（⇒p.79）の要領で、ポケットを作り、右パンツの表のポケットつけ位置にポケットを縫いつける。

3 股下を縫う

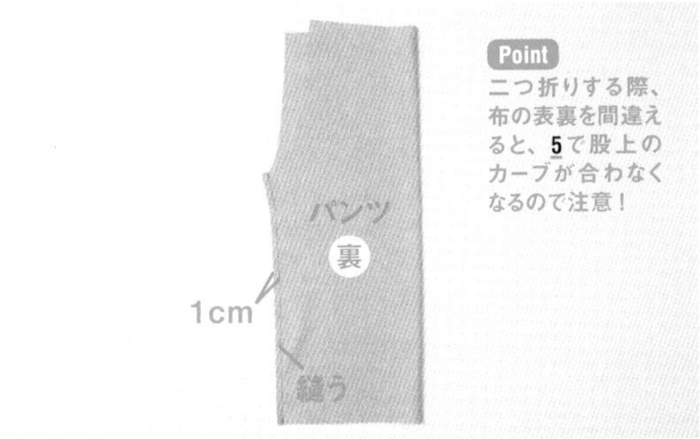

パンツ布をたてに二つ折りにして中表に合わせ、股下を縫う。**縫い代は後ろ側に倒して**、アイロンで押さえる。もう1枚も同様にする。

4 すそを縫う

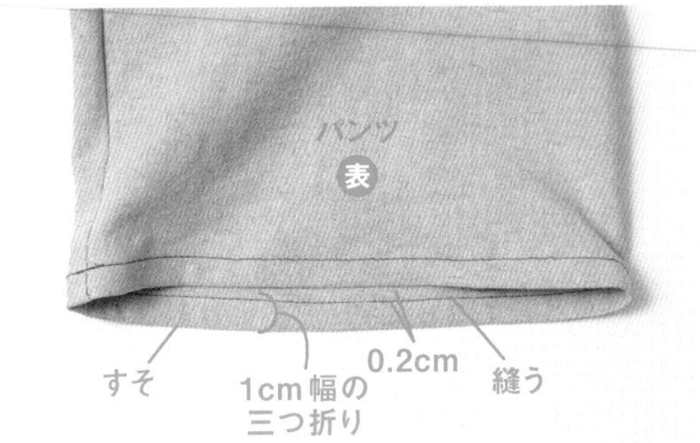

❶ パンツのすそを三つ折りにする。すその布端を1cm内側に折り、さらに1cm折り込んだら、三つ折りのきわを、ぐるりと縫う。もう1枚も同様にする。

❷ パンツを1本だけ表に返す。

5 股上を縫う

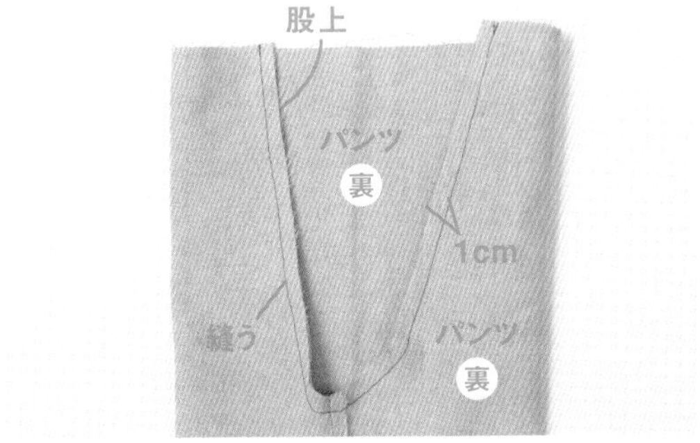

表に返したパンツをもう1本のパンツに入れて、2本を中表に合わせたら、股上の布端を端から1cmのところで縫う。パンツを表に返す。縫い代は右パンツ側に倒して、アイロンで押さえる。

6 ウエストを処理する

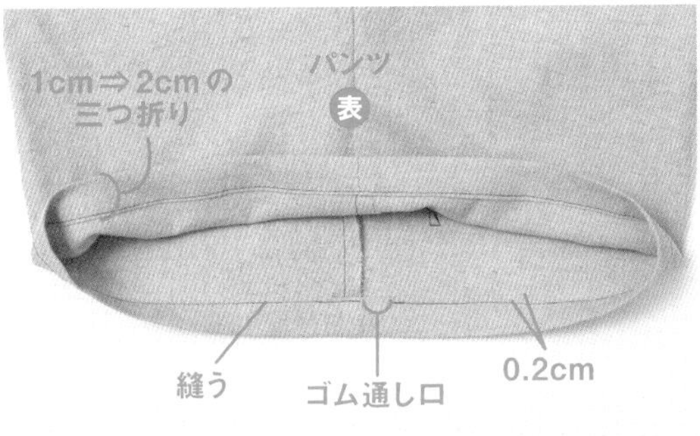

ウエストを三つ折りにする。ウエストの布端を1cm内側に折り、さらに2cm折り込んだら、三つ折りのきわを、ぐるりと縫う。その際、**縫いおわりを1.5cmくらい縫い残し、ゴム通し口に**する。

7 ウエストにゴムを入れる

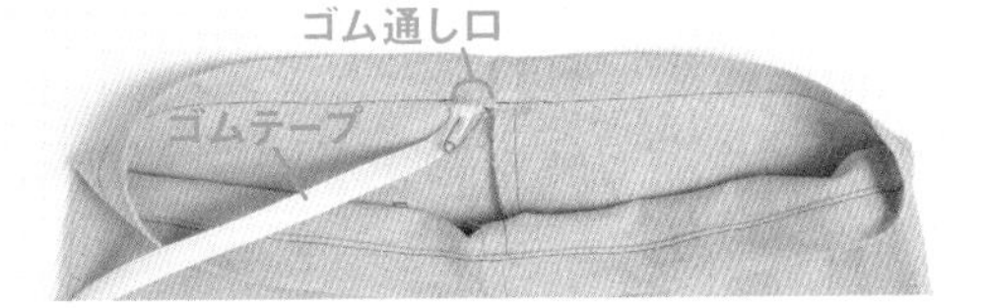

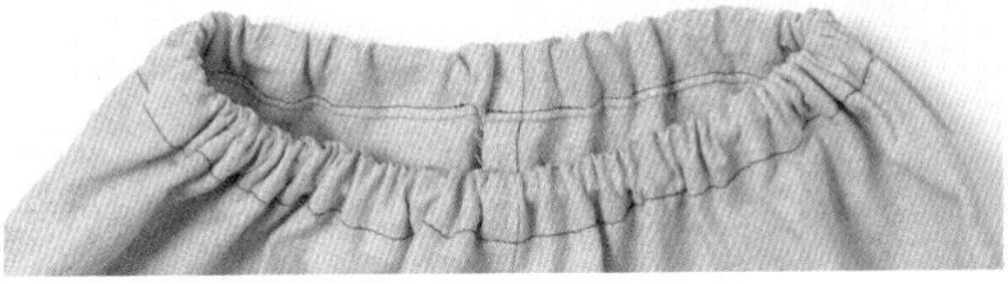

6のゴム通し口から1cm幅ゴムテープを通して、ゴムの両端を縫いとめたら、ウエストの中にしまって完成！

ショートパンツ

Page 19

そのままで!

ロールアップで!

〔でき上がりの大きさ〕　＊( )はロールアップ

サイズ90 ― ヒップ82×パンツ丈24cm（24.5cm）
サイズ100 ― ヒップ86×パンツ丈25cm（25.5cm）
サイズ110 ― ヒップ90×パンツ丈26cm（26.5cm）

〔材料〕

布（コーデュロイ／きいろ） ― 105cm幅×40cm
＊ロールアップは（リネン／ロイヤルブルー） ― 105×50cm を使いました。
1cm幅ゴムテープ ― 40～45cm
糸（布に近い色）

〔裁ち合わせ図〕

＊表記のない縫い代はすべて1cm。

ショートパンツ

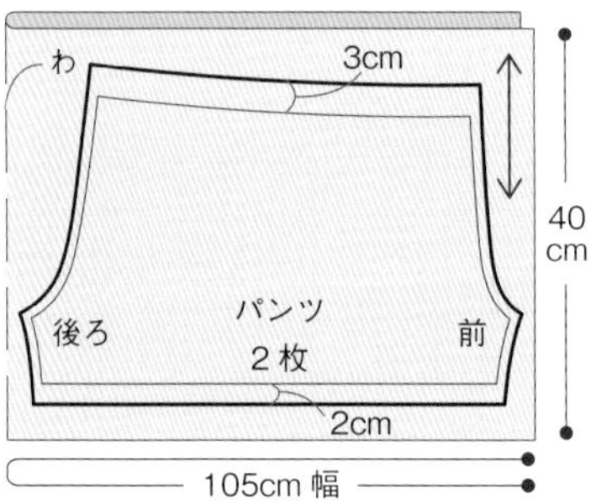

ロールアップ

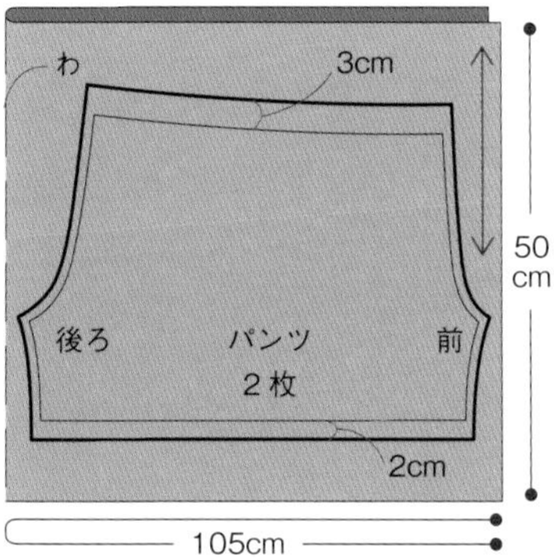

〔つくりかた〕

●ショートパンツ

1 布を裁つ

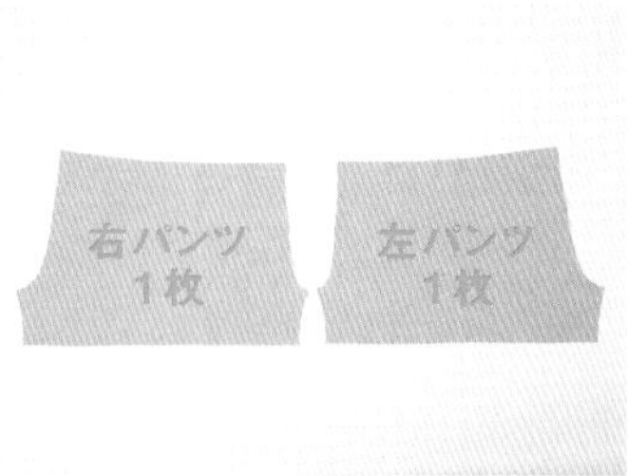

裁ち合わせ図のとおり、布を裁つ。

2 股下を縫う

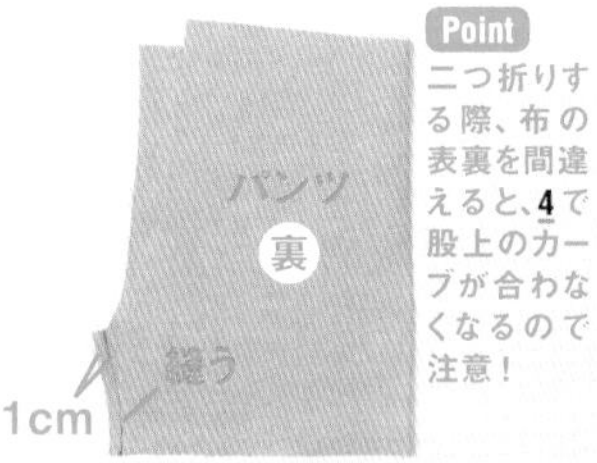

Point
二つ折りする際、布の表裏を間違えると、**4**で股上のカーブが合わなくなるので注意！

パンツ布をたてに二つ折りにして中表に合わせ、股下を縫う。**縫い代は後ろ側に倒す**。もう1枚も同様にする。

3 すそを縫う

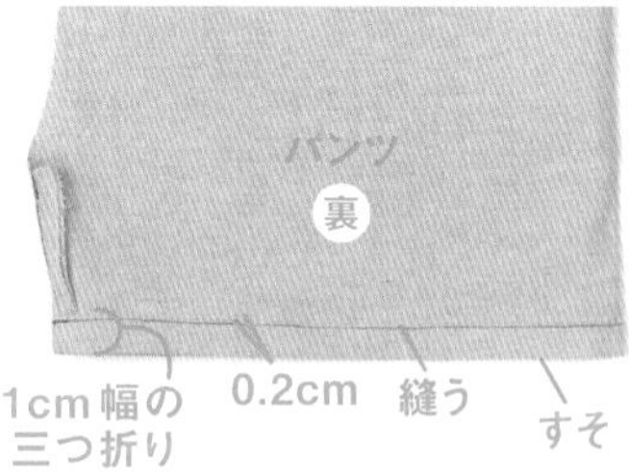

パンツのすそを1cm幅の三つ折りにし、三つ折りのきわをぐるりと縫う。もう1枚も同様にする。

4 股上を縫う

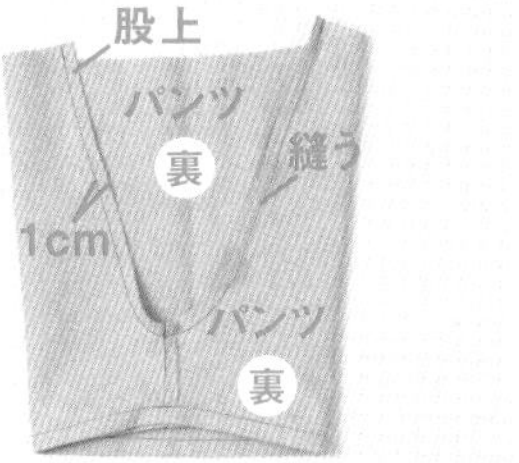

「きほんのパンツ」手順**5**（⇒p.78）の要領で、パンツを中表に合わせて、股上を縫う。縫い代は右パンツ側に倒して、アイロンで押さえる。

5 ウエストを処理する

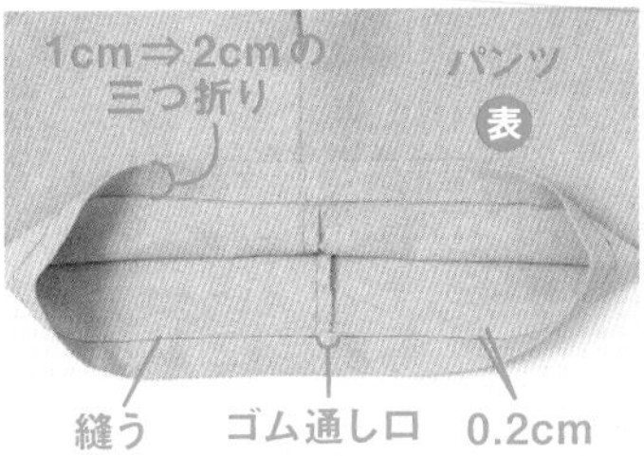

「きほんのパンツ」手順**6**（⇒p.78）の要領で、ウエストを三つ折りにする。ゴム通し口を残してぐるりと縫う。

6 ウエストにゴムを入れる

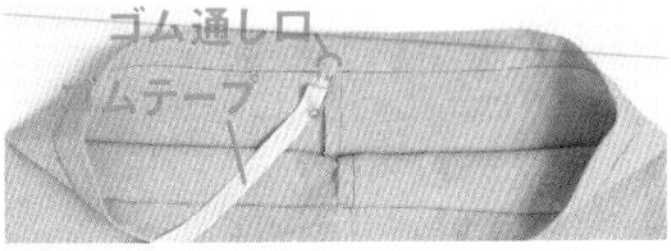

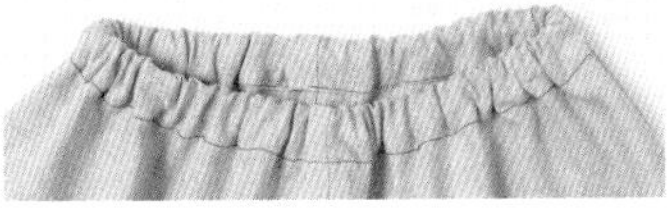

6のゴム通し口から1cm幅ゴムテープを通して、ゴムの両端を縫いとめたら、ウエストの中にしまって完成!

●ロールアップ ＊手順**3**のすその処理以外は「ショートパンツ」と同様です

1 股下を縫い、すそを縫う

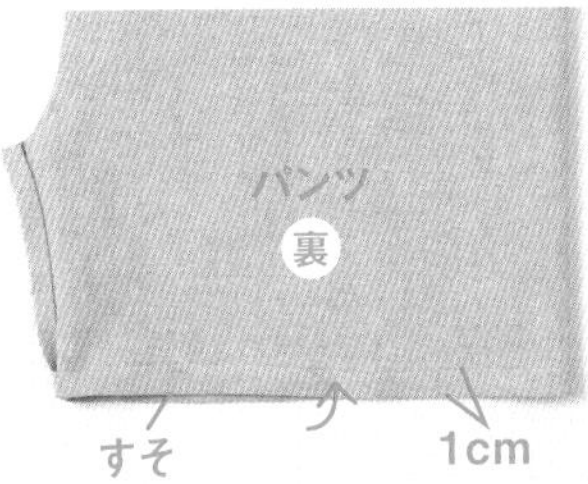

❶ パンツのすそを三つ折りにする。すその布端を1cm内側に折る。

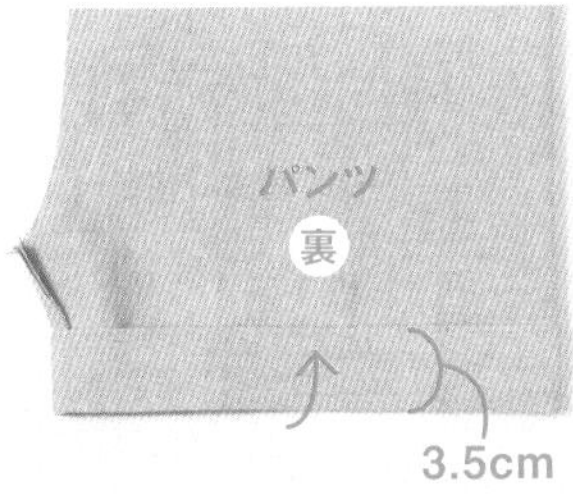

❷ さらに3.5cm折り込む。

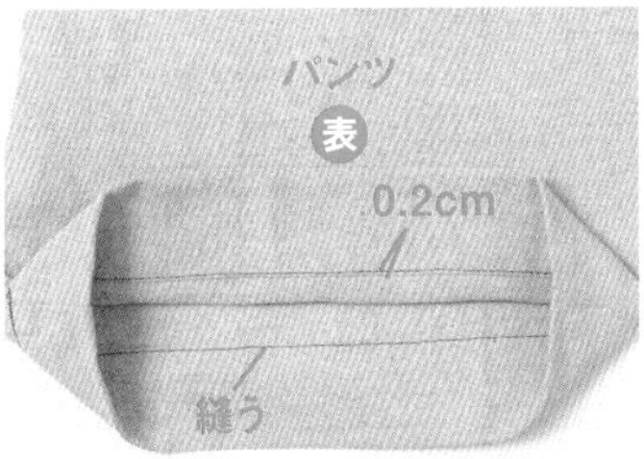

❸ 三つ折りのきわを、ぐるりと縫う。もう1枚も同様にする。

2 飾りステッチでとめる

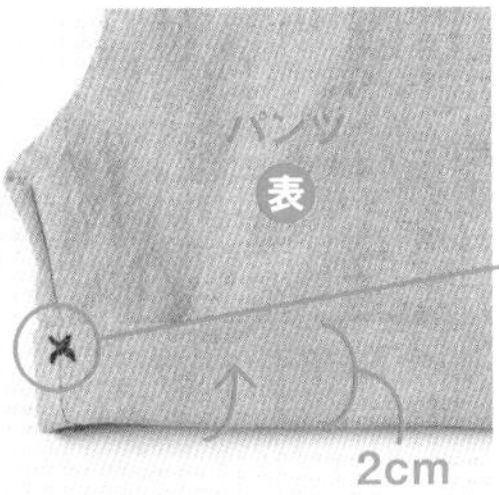

すそを端から2cmのところでさらに折り返す。仕上げにロールアップの両脇を「×」の飾りステッチでとめる。

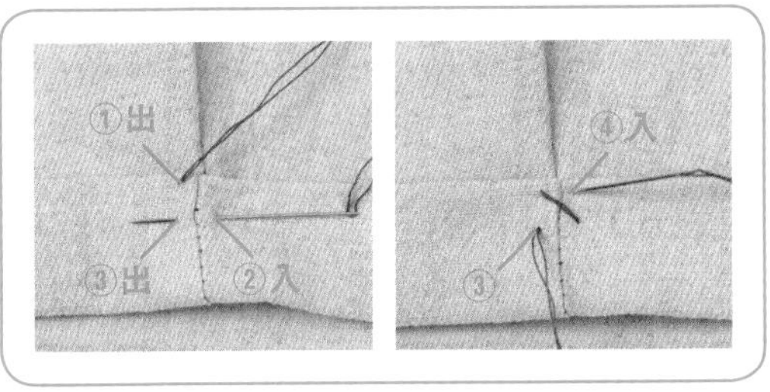

①～④を2～3回くり返す

以降の手順は「ショートパンツ」**4**～**6**と同様。

N ふんわりキュロット

Page 20

〔でき上がりの大きさ〕
サイズ90 ― ヒップ106×パンツ丈24cm
サイズ100 ― ヒップ110×パンツ丈25cm
サイズ110 ― ヒップ114×パンツ丈26cm

〔材料〕
布（リネン／パープル）― 140cm幅×50cm
1.8cm幅両折りバイアステープ（ネイビー）― 85cm
1cm幅ゴムテープ ― 40～45cm
糸（布に近い色）
型紙アレンジ用の紙（A4 3枚またはA3とA4各1枚）
テープ

「ショートパンツ」の
型紙をアレンジして
ふわっとしたシルエットの
おしゃれなキュロットに！

型紙のアレンジ

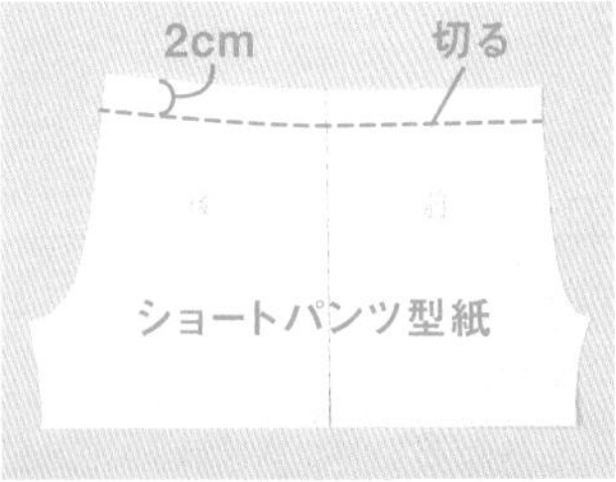

❶「ショートパンツ」（⇒p.82）の型紙をハトロン紙に写して形に切ったら、**ウエスト部分を上から2cm分カット**する。

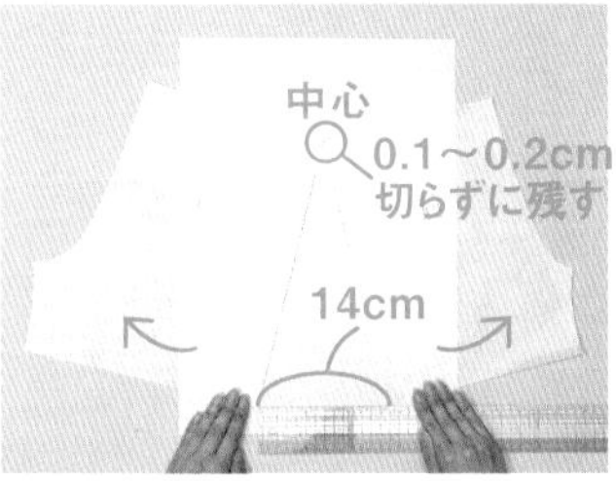

❷ 上端0.1～0.2cmを残して中心線を切り、下に紙を敷く。切った中心線から型紙を**左右に7cmずつ、14cm分開く**。

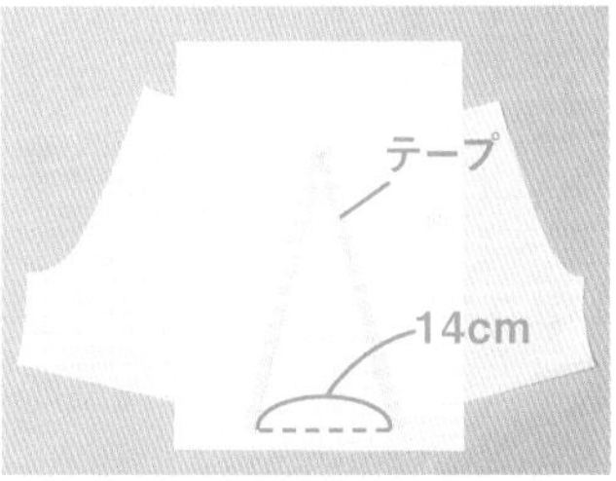

❸ 三角形に広げた部分の紙と、型紙をテープで貼り合わせる。三角形の下辺に線を書き入れる。

❹ 型紙の左右にも紙を足して、テープでとめる。

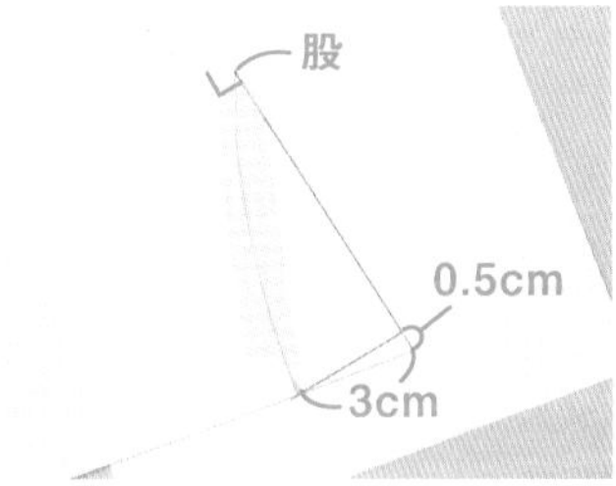

❺ ❹の紙に写真のとおりの寸法で線を書き入れ、反対側も同様にする。

❻ 型紙の左右は❺の線で切り、余分な紙もカットする。

〔裁ち合わせ図〕　＊表記のない縫い代はすべて1cm。

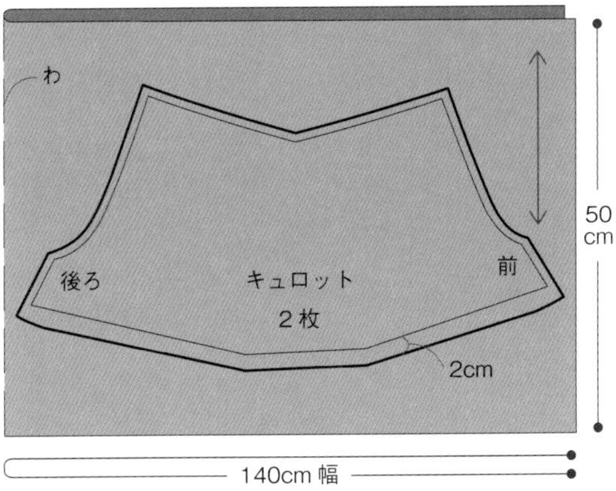

〔つくりかた〕

1　布を裁つ

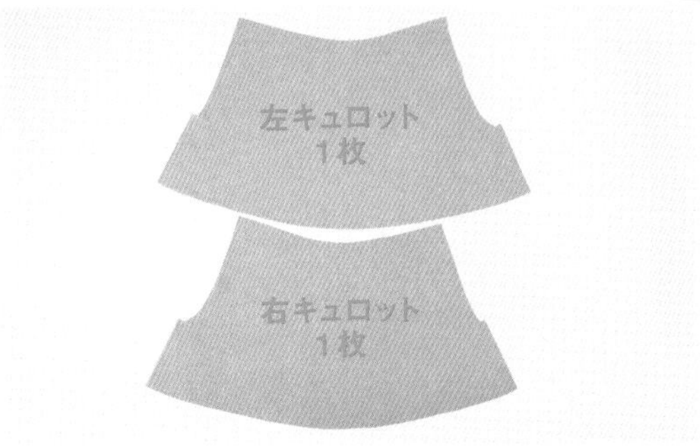

裁ち合わせ図のとおり、布を裁つ。

2　股下とすそを縫う

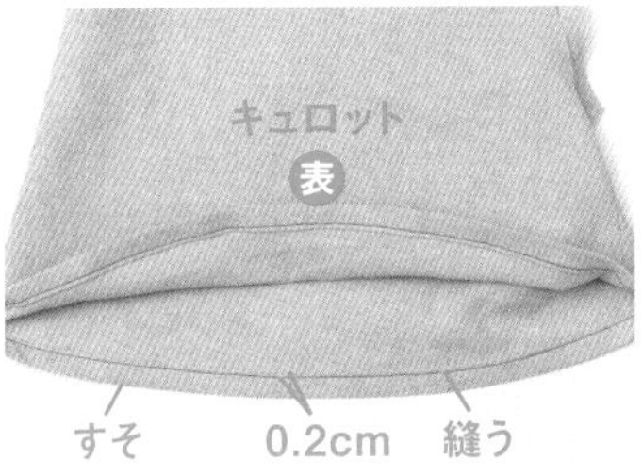

「きほんのパンツ」手順**3**～**4**(⇒p.77)の要領で、股下を縫ってから、すそを1cm幅の三つ折りにして縫う。

3　股上を縫う

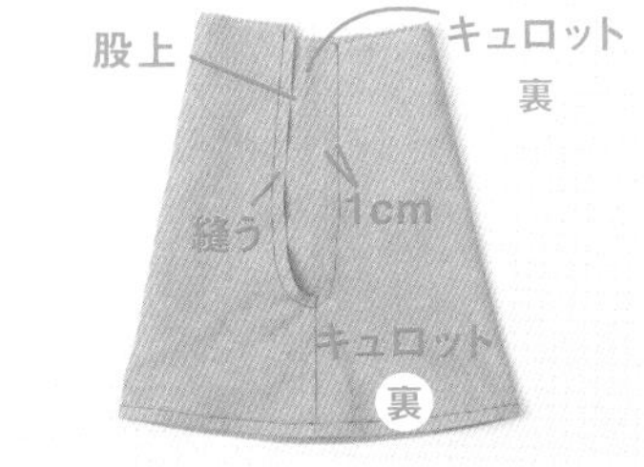

「きほんのパンツ」手順**5**(⇒p.78)の要領で、パンツを中表に合わせて、股上を縫う。縫い代は右パンツ側に倒して、アイロンで押さえる。

4　ウエストを処理する

❶ キュロットを表に返す。

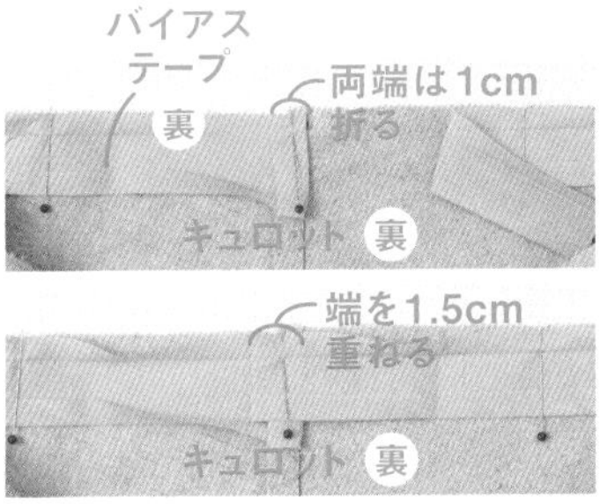

❷「見返しテクニック」(⇒p.48)の要領で、キュロットの裏とバイアステープの表を合わせながら、ウエスト位置にテープをまち針でとめる。

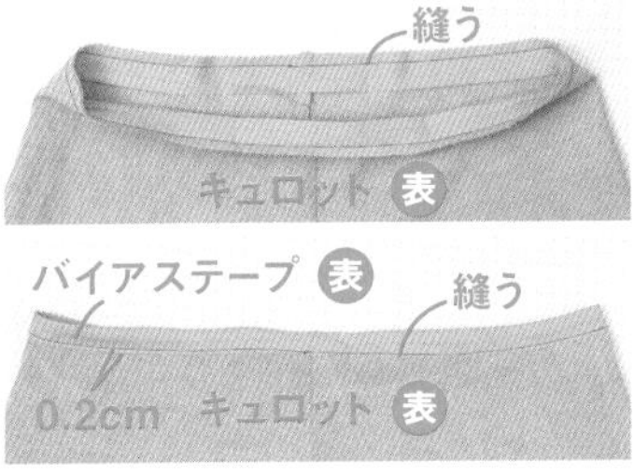

❸ バイアステープの折り目の上をぐるりと縫ったら、テープをキュロットの表に折り返して縫いとめる。

5　ウエストにゴムを入れる

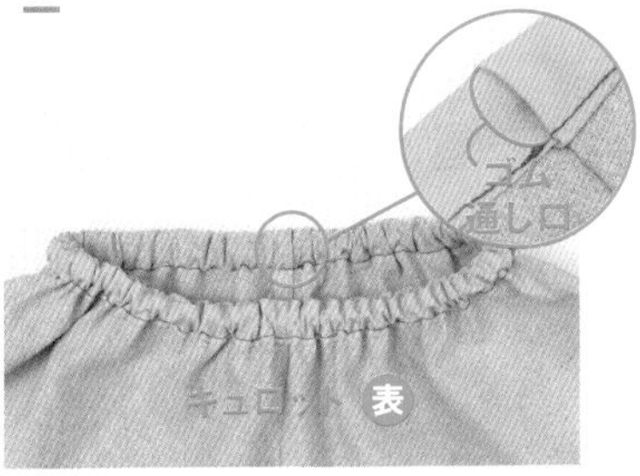

4-❷で重ねたバイアステープの端をゴム通し口にして、そこからゴムテープを通す。ゴムの両端を縫いとめたら、ウエストの中にしまって完成!

One more!

LESSON 02

キッズマスク

顔にフィットしつつ、呼吸もしやすい
オリジナルパターンのマスクです。

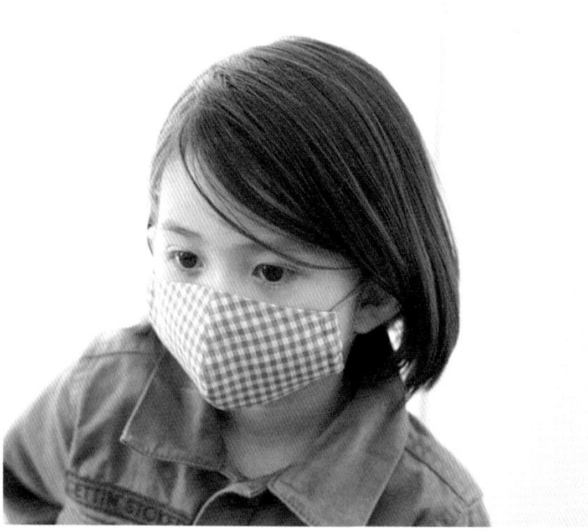

〔材料〕

布 ― 30×30cm　平ゴム ― 20cm×2本　糸（布に近い色）

〔つくりかた〕

1

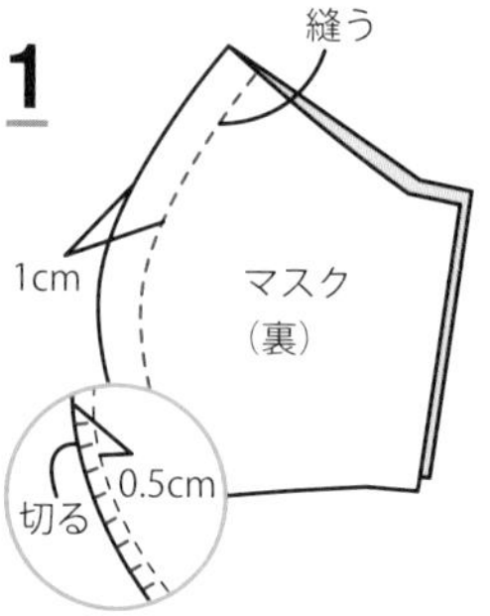

型紙の形に表マスク2枚、裏マスク2枚分布を裁つ。マスク2枚を中表で合わせて、縫い合わせる。もう1組も同様にする。
縫い代を半分にカットし、カーブの縫い代に切り込みを入れる。

2

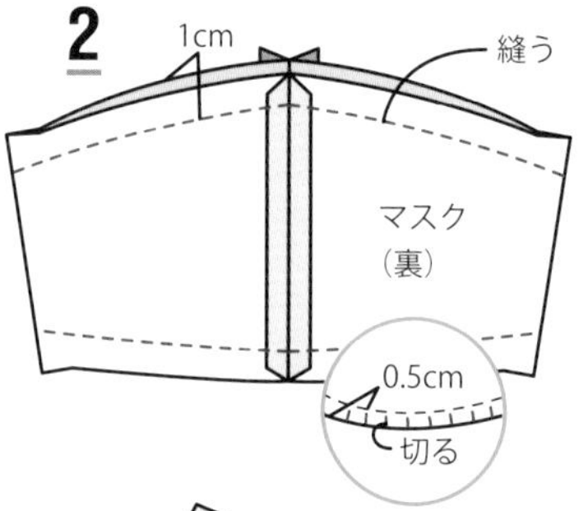

1 を開き、縫い代も開いたら、表マスクと裏マスクを中表に合わせ、上下の端を縫う。
縫い代を半分にカットし、カーブの縫い代に切り込みを入れる。

3

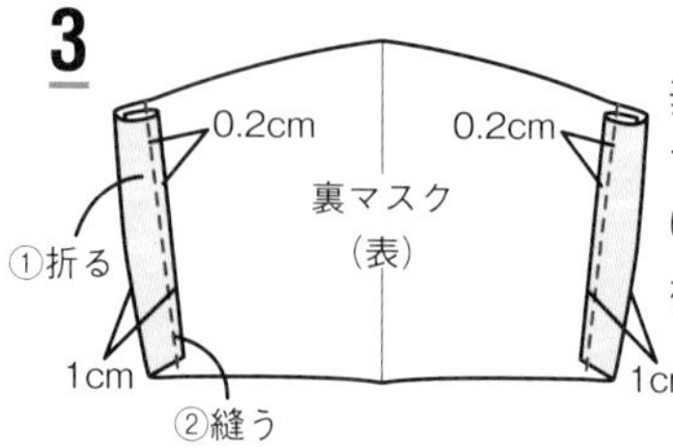

表に返し、両端を1cm幅の三つ折りにしたら、きわを縫う。

4

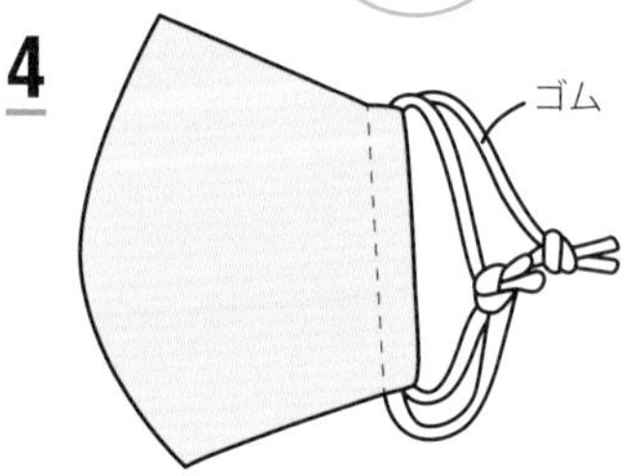

両端に平ゴムを通し、ゴムの両端を結ぶ。

Lesson 4

パターンのバリエーションでできる！
かわいいふだん着とおしゃれ着

スモック、ブラウス、ワンピースなど
幼稚園や保育園で活躍するふだん着から
お受験やハレの日のおしゃれ着まで
7アイテムを一気にレッスンします。
難易度高めの作品もありますが、
ていねいに手順を追えば大丈夫。
そして！
この7アイテムはパーツの組み合わせを
自由に楽しめる仕立てにしています。
着丈×そで×えりを好みの組み合わせに
アレンジして、さまざまなデザインに
チャレンジしてみましょう。

＊手順写真では、見やすい色の糸を使っています。
制作する際は、布色に近い糸を使いましょう。
＊手順写真では、布端の始末をしていません。
制作する際は、縫い代にほつれ止め（⇒p.75）をしましょう。
＊作品アレンジをする際の、
布の使用量の目安は次のとおりです。
110cm幅の布：身頃丈×2＋そで丈＋30cm
150 cm幅の布：身頃丈×2＋20cm

きほんのスモック

〔でき上がりの大きさ〕　＊（ ）はショート丈
サイズ90 ― バスト73.2×着丈51cm（36.5cm）
サイズ100 ― バスト77.2×着丈55cm（39.5cm）
サイズ110 ― バスト81.2×着丈59cm（42.5cm）

〔材料〕
・ロング丈
布（リネン／白）― 110cm幅×120cm
・ショート丈
布（コットン／ギンガムチェック・緑）― 110cm幅×50cm
布（コットン／薄緑）― 110cm幅×50cm
・共通
1.8cm幅両折りバイアステープ（白）― 150cm
1cm幅ゴムテープ ― 40cm、14cm×2
糸（布に近い色）

〔裁ち合わせ図〕　＊表記のない縫い代はすべて1cm。

ロング丈

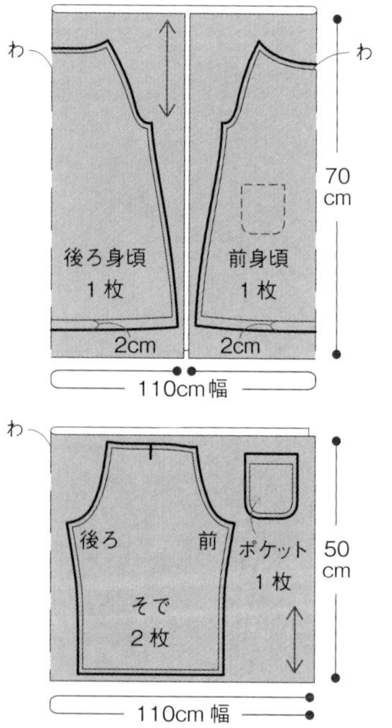

ショート丈

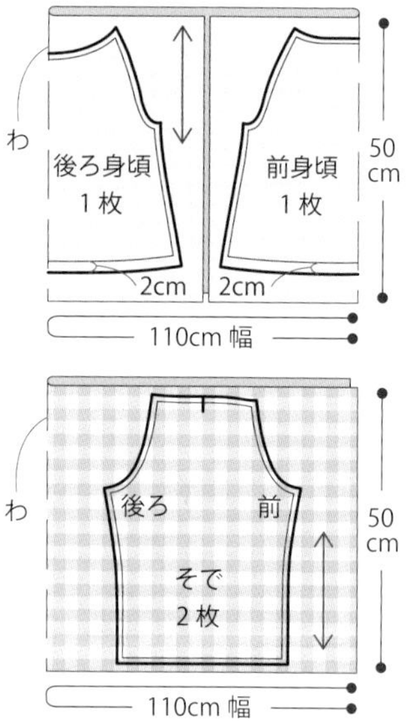

1 布を裁つ

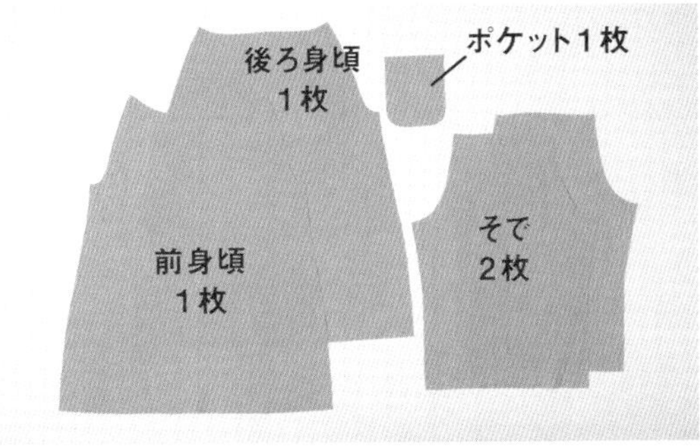

裁ち合わせ図のとおり、布を裁つ。ロング丈には、前身頃の表にポケットつけ位置の印をつける。

2 ポケットをつける

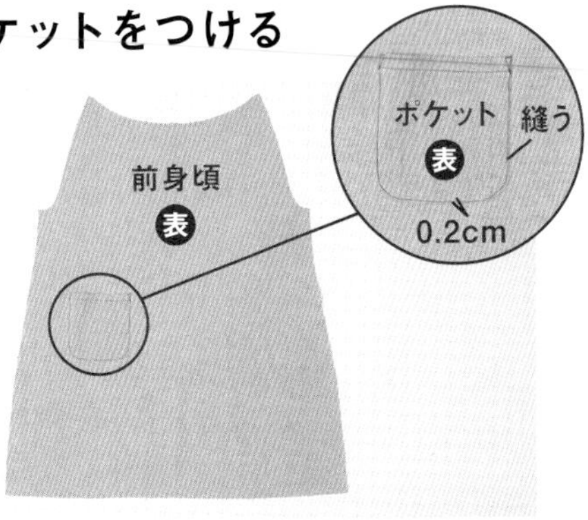

「ポケットを作る」（⇒p.79）の要領で、ポケットを作り、前身頃の表のポケットつけ位置にポケットを縫いつける。

3 身頃の脇を縫う

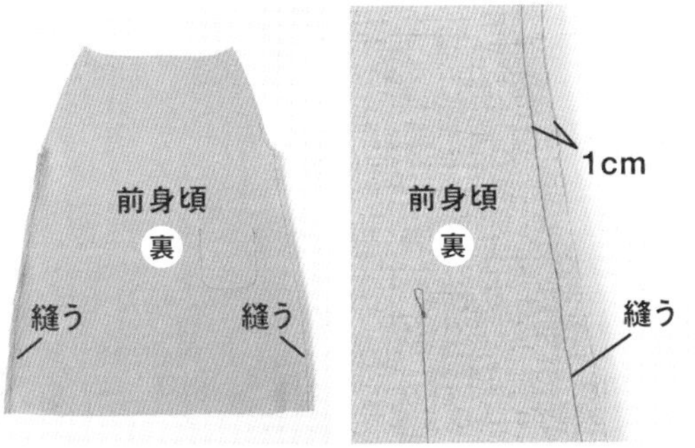

前身頃と後ろ身頃を中表に合わせて、両脇をすそから脇下まで縫う。縫い代は後ろ側に倒して、アイロンで押さえる。

4 すそを縫う

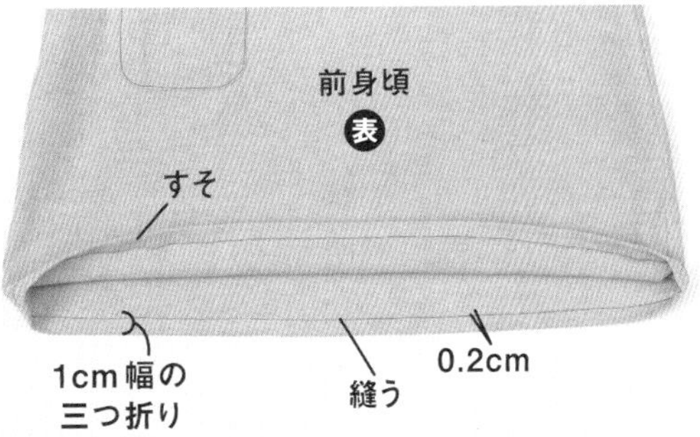

身頃のすそを三つ折りにする。すその布端を1cm内側に折り、さらに1cm折り込んだら、三つ折りのきわをぐるりと縫う。

5 そでを作る

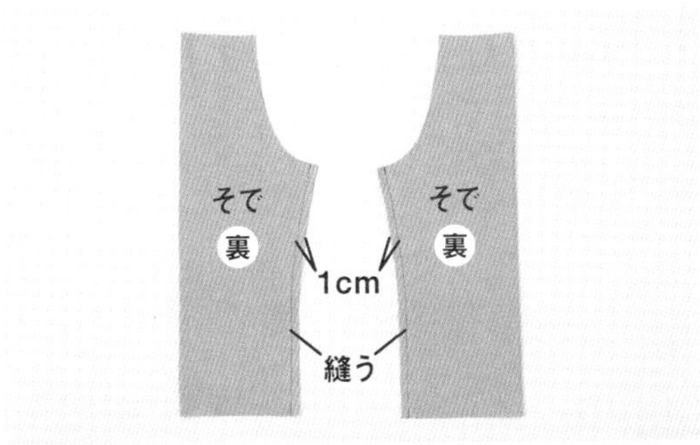

❶ そでをたてに二つ折りにして中表に合わせ、そで下を縫ったら、縫い代は後ろ側に倒して、アイロンで押さえる。もう1枚も同様に縫う。

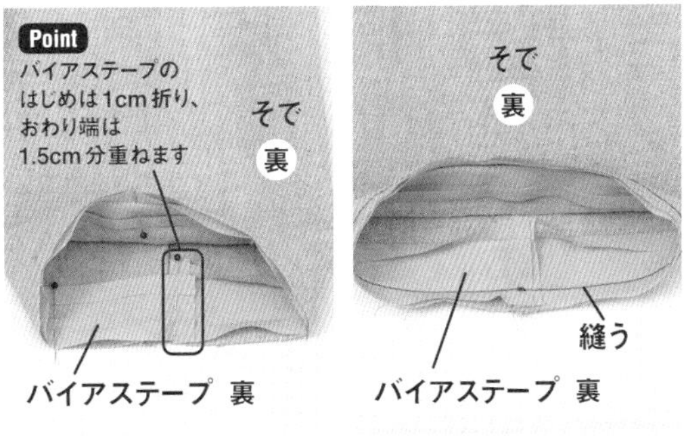

❷「見返しテクニック」（⇒p.48）の要領で、そでとバイアステープを中表に合わせながら、そで口にぐるりとテープを縫う。

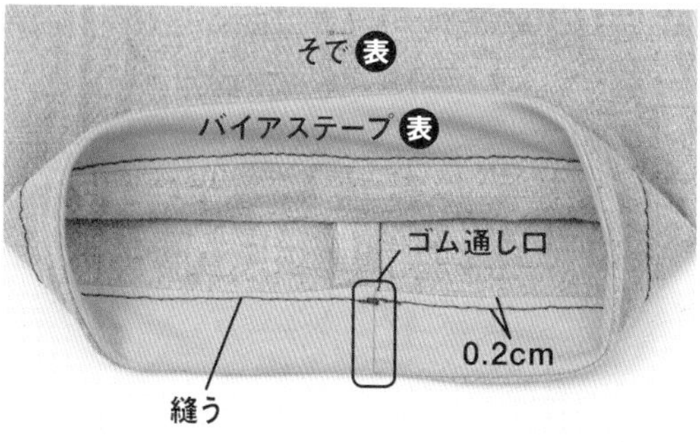

③ バイアステープをそで口の裏に折り返して縫いとめる。

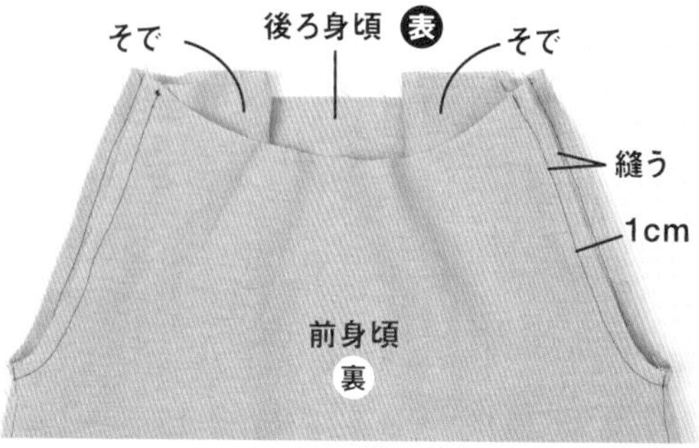

② もう1本のそでも、身頃の反対側位置に中表に合わせて同様に縫う。縫い代はそで側に倒して、アイロンで押さえる。

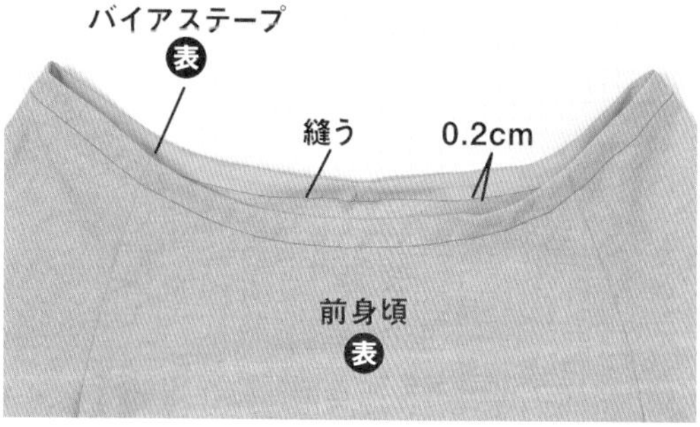

② バイアステープをえりぐりの裏に折り返して縫いとめる。

6 そでをつける

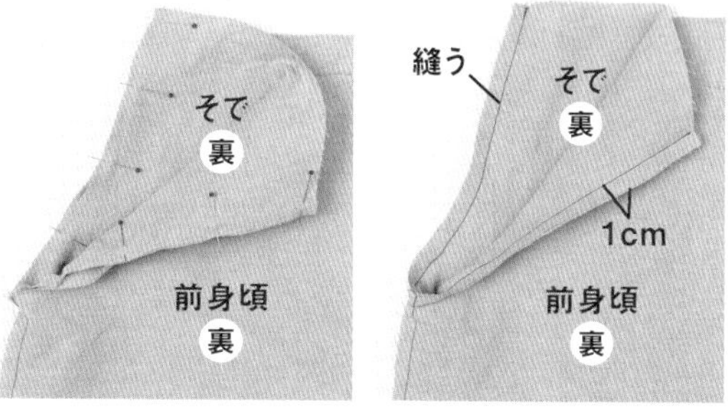

① そでを表に返し、**中表になるように身頃の中に入れ**たら、端から1cmのところを縫う。

7 えりぐりを処理する

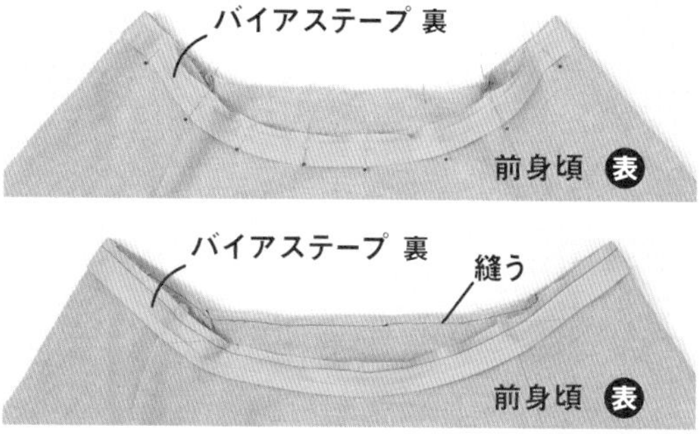

① 「見返しテクニック」（⇒p.48）の要領で、えりぐりにバイアステープを中表で合わせ、折り目の上をぐるりと縫う。その際、テープの両端は**5**-② Pointの要領でゴム通し口にする。

8 ゴムを入れる

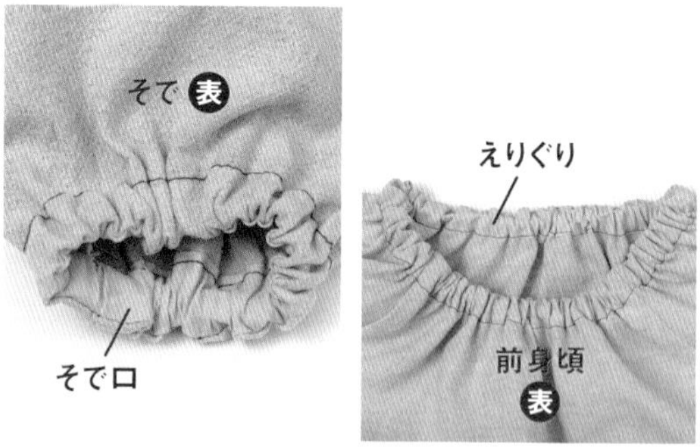

そで口には14cmの、えりぐりには40cmのゴムテープを、それぞれバイアステープのゴム通し口から入れ、ゴムの両端を縫いとめる。

P フレンチスリーブ

ブラウス／ワンピース

ワンピース

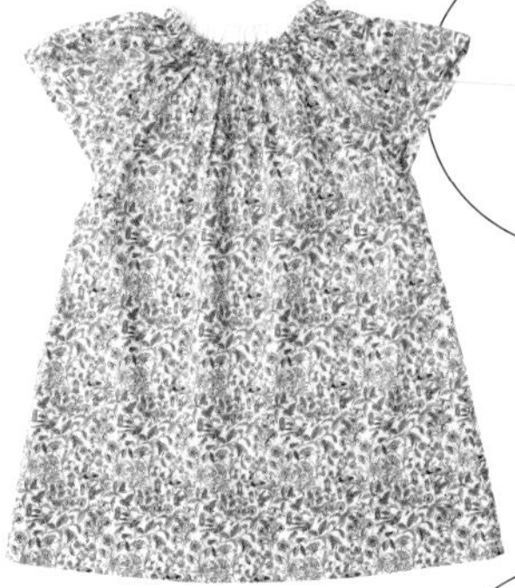

Page 24

ブラウス

Page 25

〔でき上がりの大きさ〕　＊(　)はワンピース

サイズ90 ― バスト73.2×着丈36.5cm（51cm）
サイズ100 ― バスト77.2×着丈39.5cm（55cm）
サイズ110 ― バスト81.2×着丈42.5cm（59cm）

〔材料〕

・ブラウス

布（コットン／白）― 108cm幅×90cm
1.8cm幅両折りバイアステープ（白）― 90cm

・ワンピース

布（コットン／プリント）― 108cm幅×125cm
1.8cm幅両折りバイアステープ（白）― 90cm

・共通

1cm幅ゴムテープ ― 40cm
糸（布に近い色）

着丈を変えれば、
ブラウスにも
ワンピースにも
なりますよ！

〔裁ち合わせ図〕　＊表記のない縫い代はすべて1cm。

ブラウス

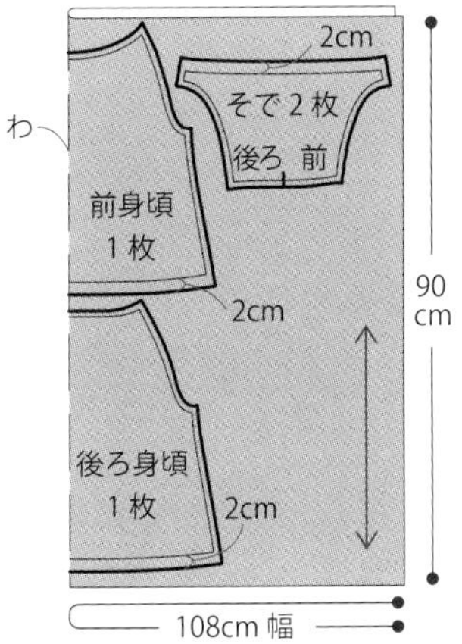

ワンピース

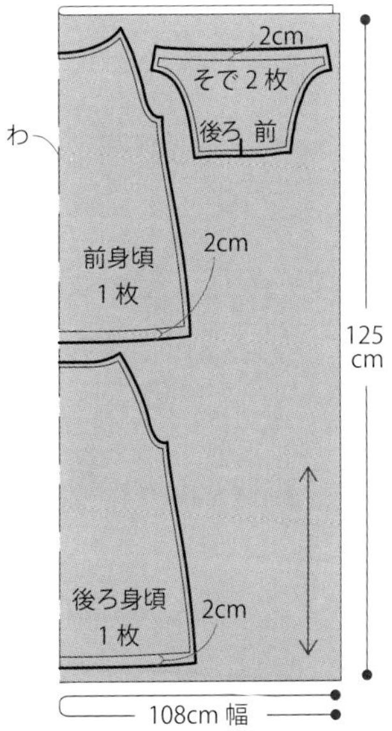

〔つくりかた〕

1 布を裁つ

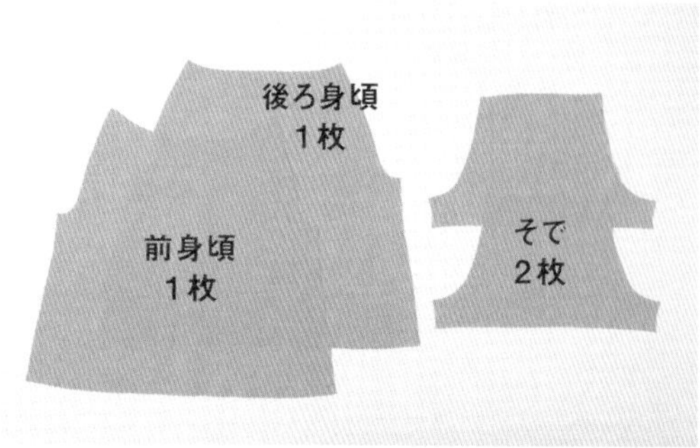

裁ち合わせ図のとおり、布を裁つ。

2 身頃の脇を縫う

前身頃と後ろ身頃を中表に合わせて、両脇を縫う。縫い代は後ろ側に倒して、アイロンで押さえる。

ワンピースの場合

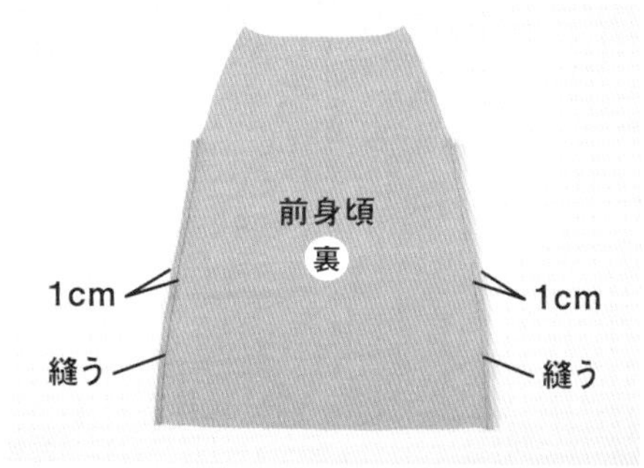

ブラウスより着丈が長くなる。ブラウスとワンピースの違いは、この脇の縫う距離だけ！

3 すそを縫う

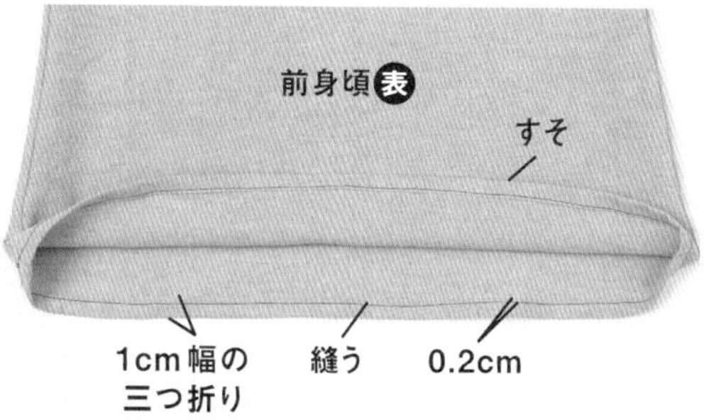

身頃のすそを三つ折りにする。すその布端を1cm内側に折り、さらに1cm折り込んだら、三つ折りのきわをぐるりと縫う。

4 そでを作る

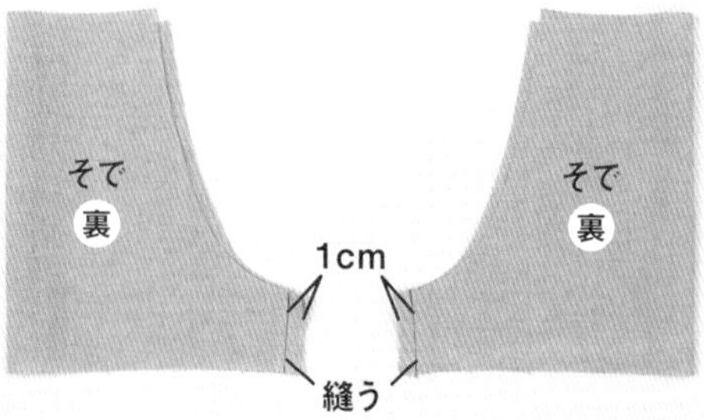

① そでをたてに二つ折りにして中表に合わせ、そで下を縫ったら、縫い代は後ろ側に倒してアイロンで押さえる。もう1枚も同様に縫う。

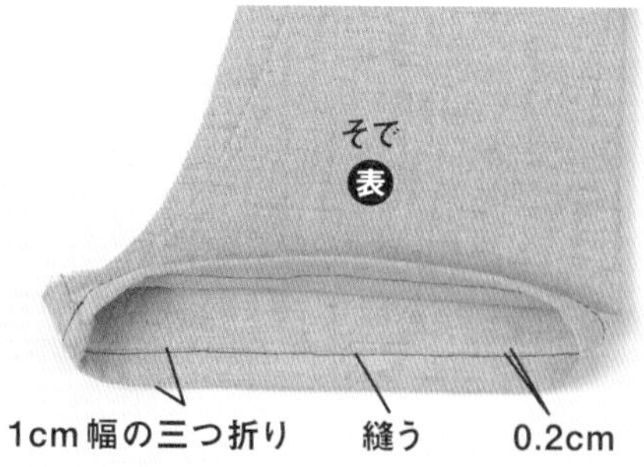

② そで口を三つ折りにする。そでの布端を1cm内側に折り、さらに1cm折り込んだら、三つ折りのきわをぐるりと縫う。

5 そでをつける

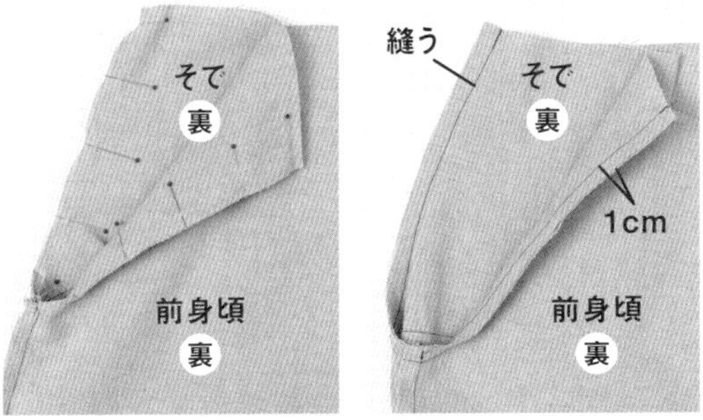

① そでを**中表になるようにして身頃の中に入れ**たら、端から1cmのところを縫う。

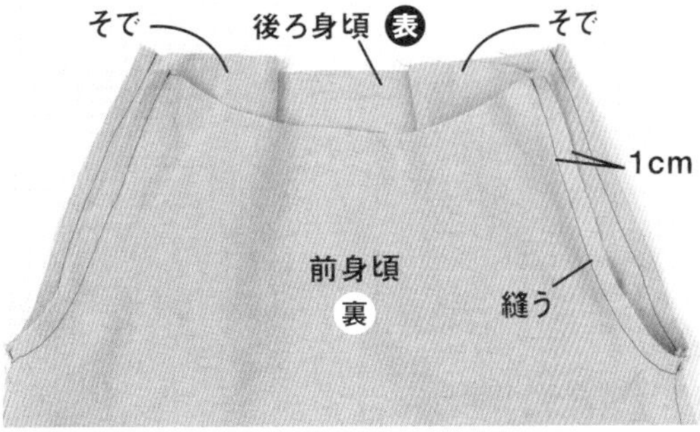

② もう1本のそでも、身頃の反対側位置に中表に合わせて同様に縫う。縫い代はそで側に倒して、アイロンで押さえる。

6 えりぐりを処理する

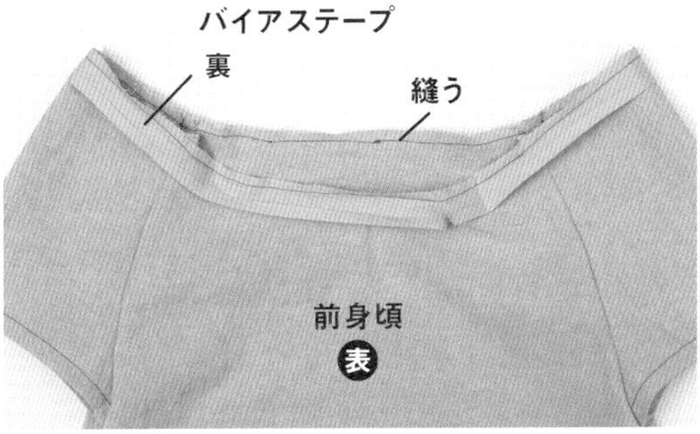

① 「見返しテクニック」（⇒p.48）の要領で、えりぐりにバイアステープを中表で合わせ、折り目の上をぐるりと縫う。その際、テープの両端は「スモック」手順5-②（⇒p.89）Pointの要領で処理する。

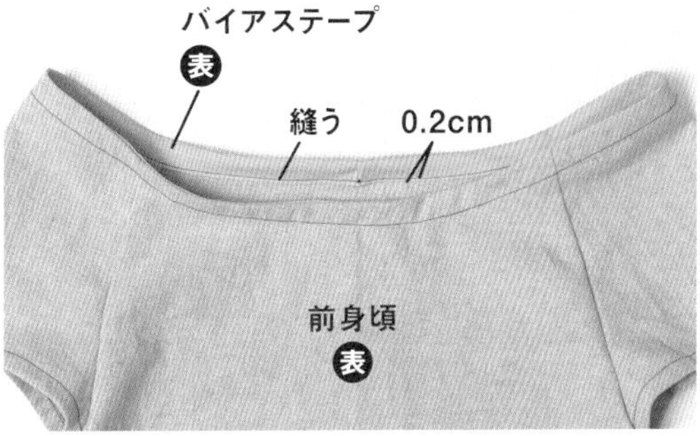

② バイアステープをえりぐりの裏に折り返して縫いとめる。

7 ゴムを入れる

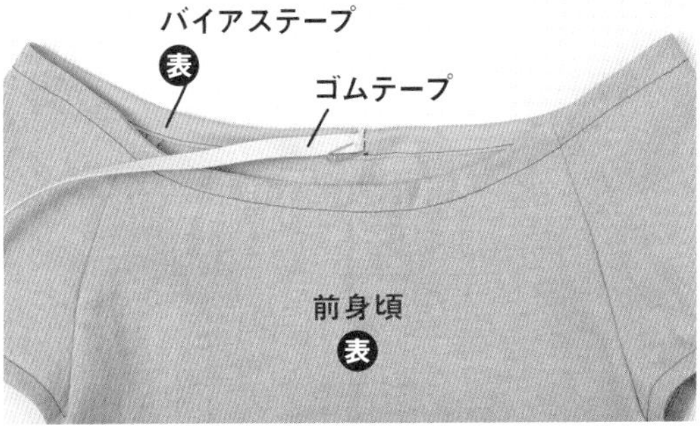

① えりぐりのゴム通し口からゴムテープを入れ、ゴムの両端を縫いとめる。

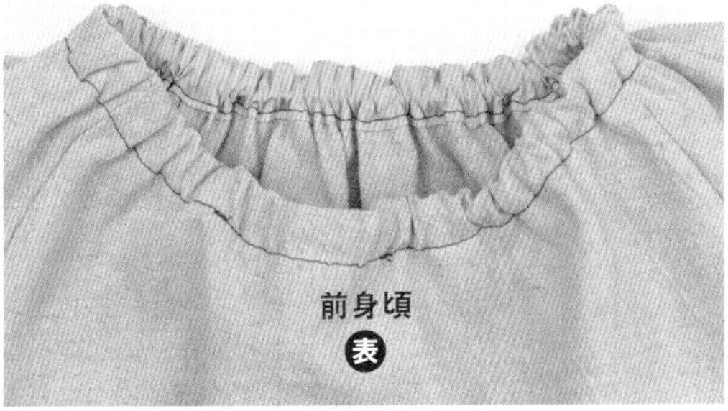

② ゴムをしまって、完成!

Q ノースリーブのリボンワンピース

Page 26

〔でき上がりの大きさ〕

サイズ90 — バスト73.2×着丈51cm
サイズ100 — バスト77.2×着丈55cm
サイズ110 — バスト81.2×着丈59cm

〔材料〕

布（コットン／黒×白ドット）— 108cm幅×70cm
1.8cm幅ふちどりバイアステープ（黒）— 140cm
1cm幅リボン（黒）— 70cm×2
糸（布に近い色）

〔裁ち合わせ図〕

＊表記のない縫い代はすべて1cm。

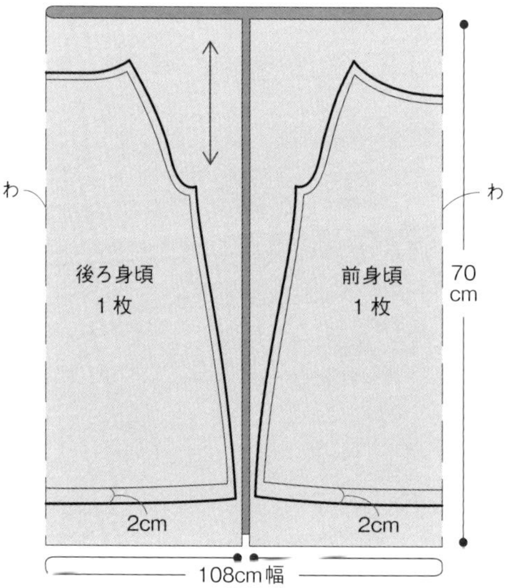

〔つくりかた〕

1 布を裁つ

裁ち合わせ図のとおり、布を裁つ。

2　身頃の脇を縫う

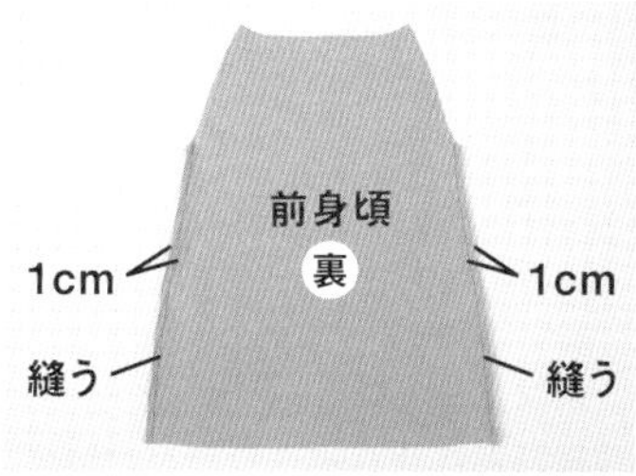

前身頃と後ろ身頃を中表に合わせて、両脇を縫う。縫い代は後ろ側に倒して、アイロンで押さえる。

3　すそを縫う

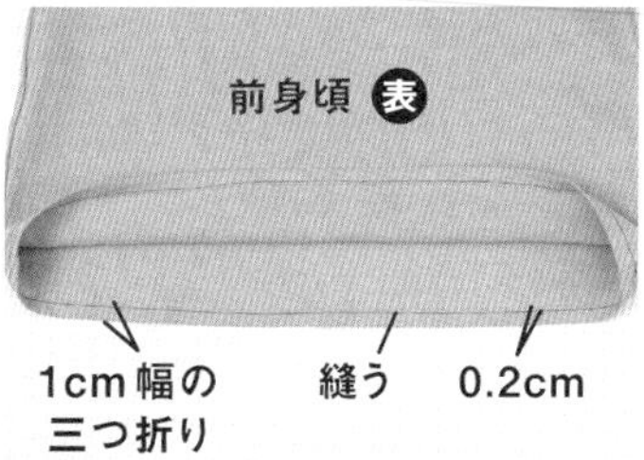

身頃のすそを三つ折りにする。すその布端を1cm内側に折り、さらに1cm折り込んだら、三つ折りのきわをぐるりと縫う。

4　そでぐりをくるむ

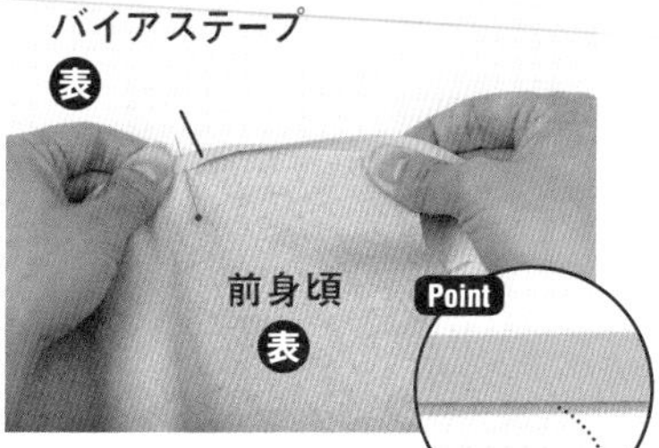

① 身頃のそでぐりの布端をくるむように、**バイアステープをふちにかぶせる。**

幅の広いほうが布の表にくるように！（⇒p.49）

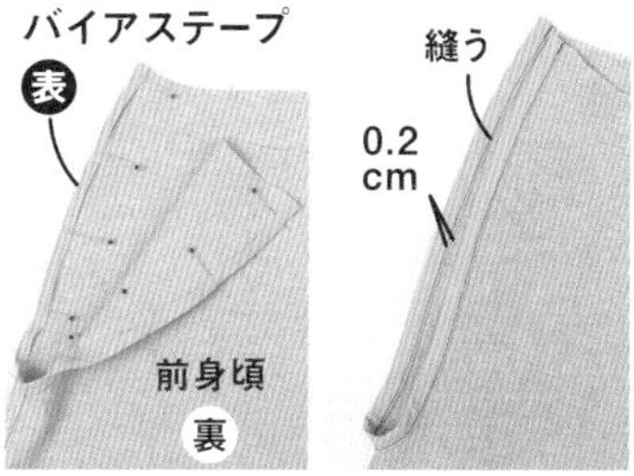

② まち針でとめてから、バイアステープのきわを裏側から縫う。

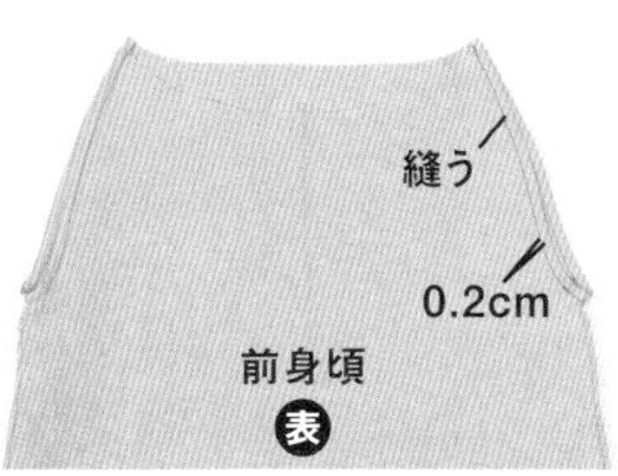

③ 反対側のそでぐりも同様にバイアステープでくるむ。

5　えりぐりを処理する

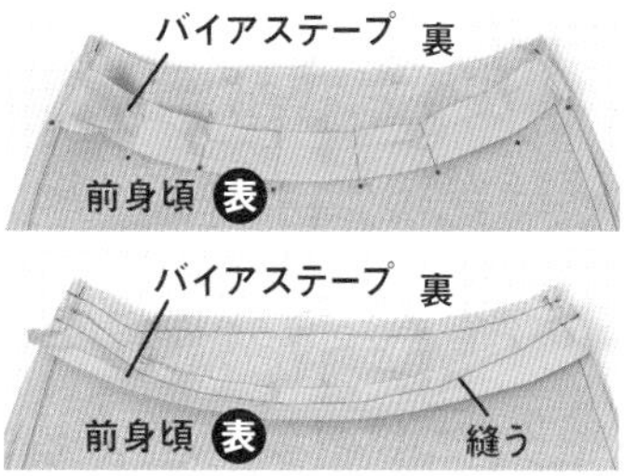

①「見返しテクニック」（⇒p.48）の要領で、えりぐりにバイアステープを中表で合わせる。その際**両端は1cm折り返してから、折り目の上を縫う**。前身頃、後ろ身頃とも同様にする。

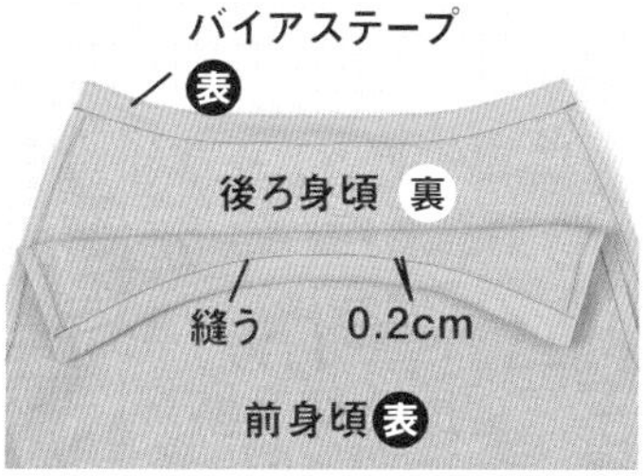

② バイアステープをえりぐりの裏に折り返して、きわを縫いとめる。

6　えりぐりにリボンを通す

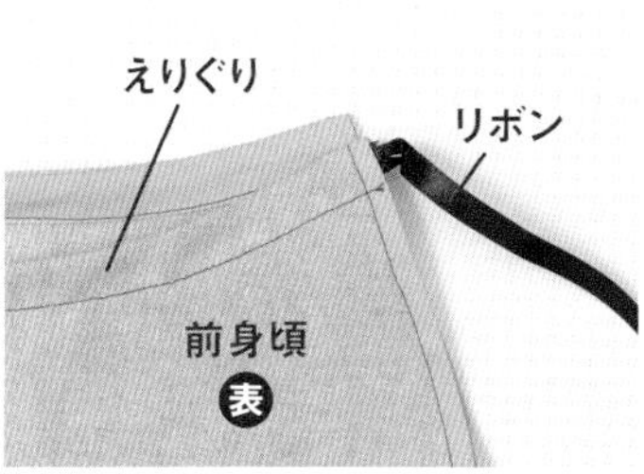

① えりぐりのバイアステープに、脇からリボンを通す。

② 前身頃、後ろ身頃両方のえりぐりにリボンを通す。着る際はえりぐりを絞って、肩でリボンを結ぶ。

R 七分そでブラウス

Page 27

〔でき上がりの大きさ〕

サイズ90 — バスト73.2×着丈36.5cm
サイズ100 — バスト77.2×着丈39.5cm
サイズ110 — バスト81.2×着丈42.5cm

〔材料〕

布（リネン／パープル）— 140cm幅×90cm
1.27cm幅両折りバイアステープ（ネイビー）— 50cm
直径1.1cmボタン — 1個
丸ゴム — 4.5cm
糸（布に近い色）

〔裁ち合わせ図〕

*表記のない縫い代はすべて1cm。
*各パーツ、次のところに合印を忘れずにつけましょう。前中心（前身頃の中心）、後ろ中心（後ろ身頃の中心）、そで山（そで上の中心）、ネックポイント（えりの中心と半分の幅の中央）。

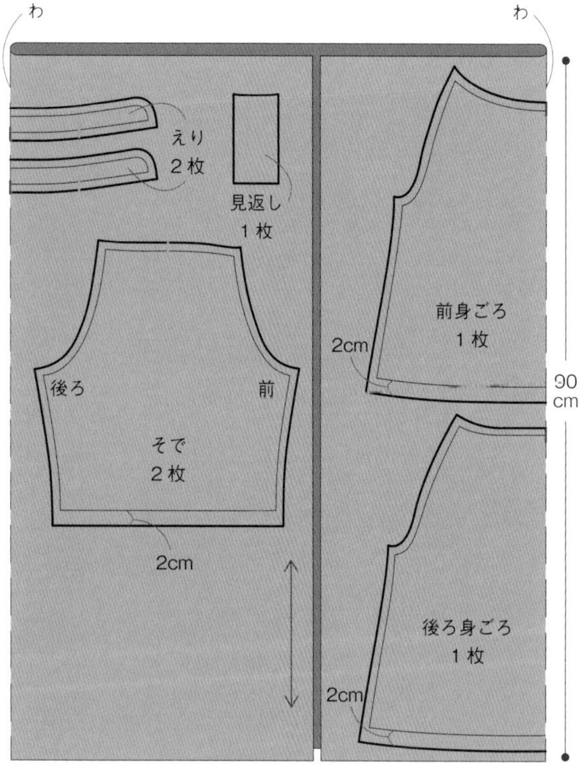

えりぐりの切り込みや
ギャザーなど
デザインテク満載の
おしゃれなブラウスですよ

〔つくりかた〕

1 布を裁つ

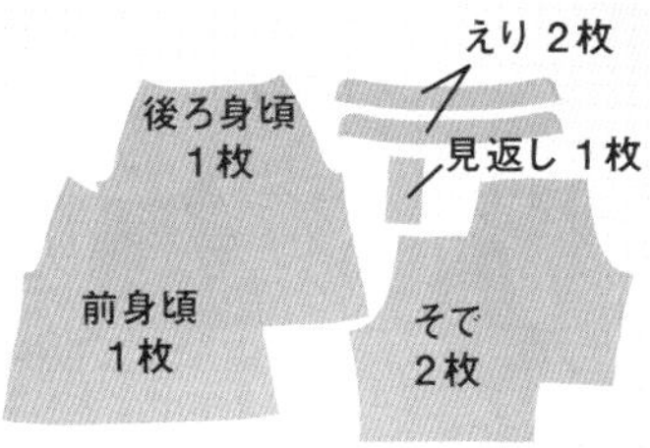

裁ち合わせ図のとおり、布を裁つ。

2 見返しを処理する

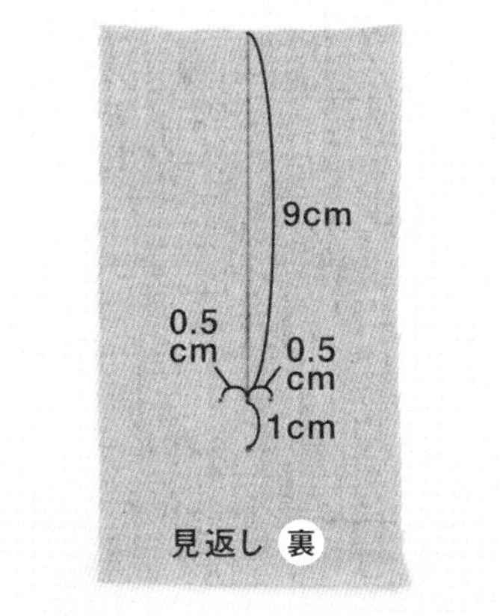

① 見返しの中心に写真のように印をつける。

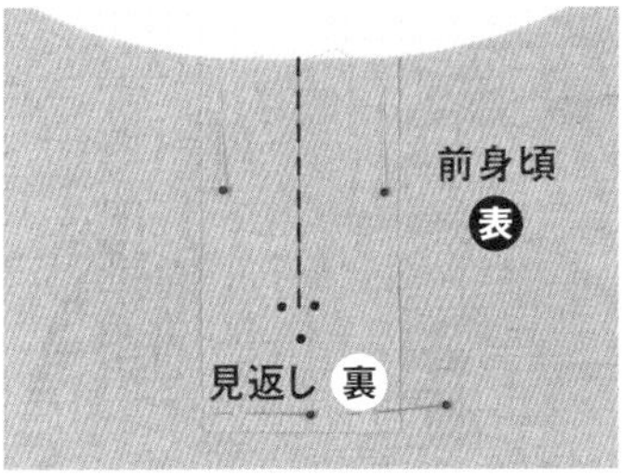

② 前身頃のえりぐりの中心に、**見返しを中表に**合わせる。

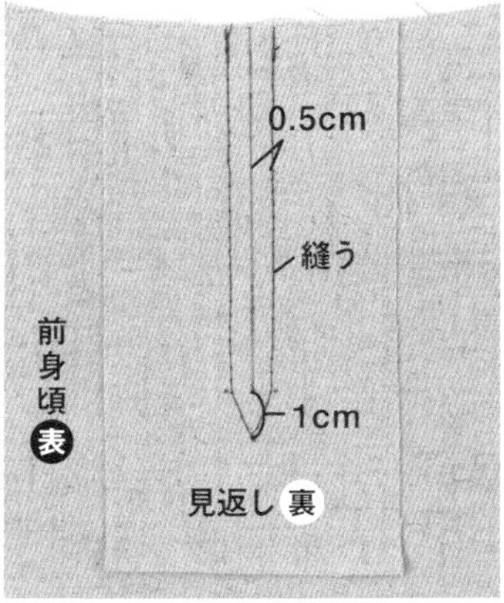

③ ①の印を目印にして、線の周囲を写真のように縫う。

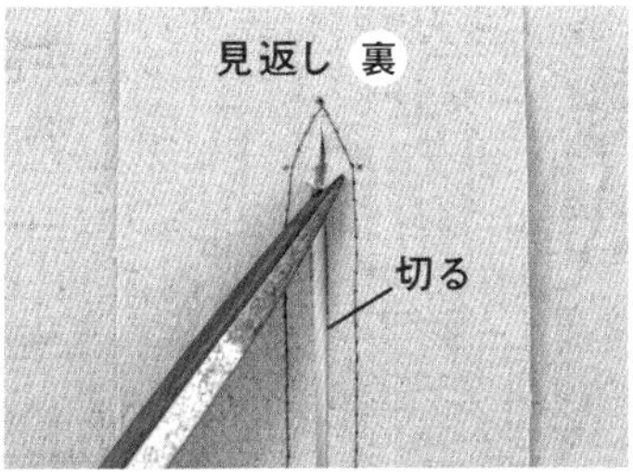

④ ①の線に沿って、裁ちばさみで見返しと前身頃を切ったら、**頂点の手前、左右の3か所に小さく切り込み**を入れる。

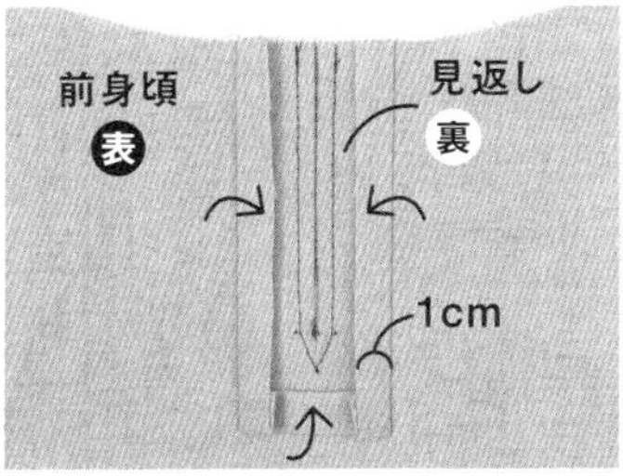

⑤ 見返しの左右と下辺を端から1cmの位置で折り返して、アイロンで押さえる。

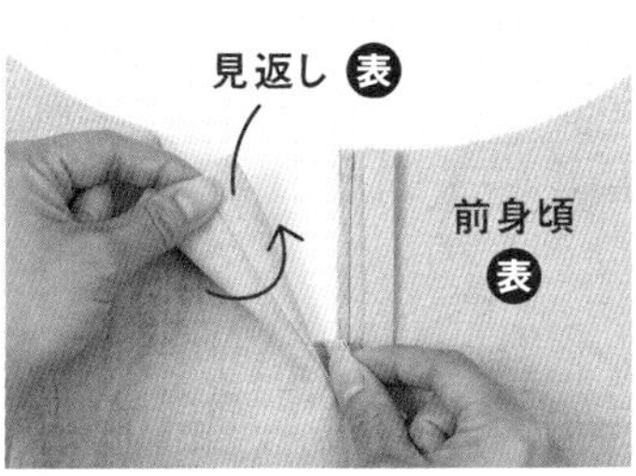

⑥ 見返しを③の**縫い目の位置から**、前身頃の裏に折り返す。

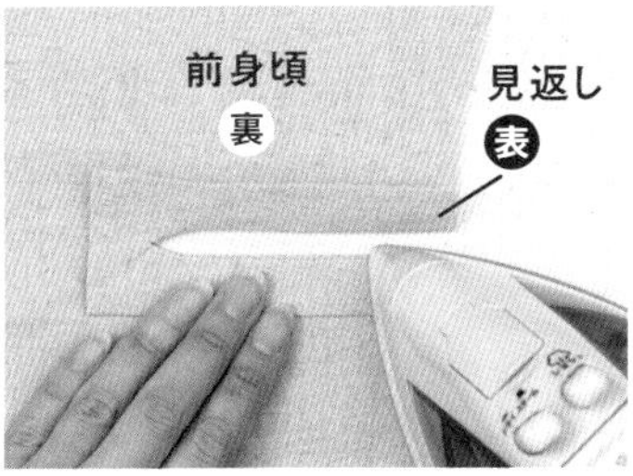

⑦ ⑥の折り返した位置をアイロンで押さえる。

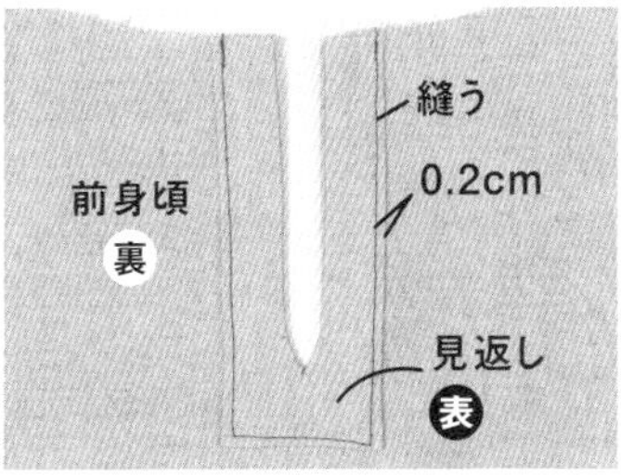

⑧ 見返しの3辺のきわを縫う。

3 身頃の脇を縫う

前身頃と後ろ身頃を中表に合わせて、両脇を縫う。縫い代は後ろ側に倒して、アイロンで押さえる。

4 すそを縫う

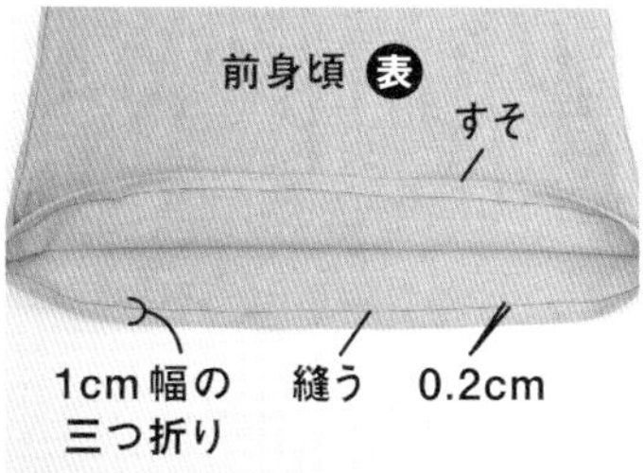

身頃のすそを三つ折りにする。すその布端を1cm内側に折り、さらに1cm折り込んだら、三つ折りのきわをぐるりと縫う。

5 そでを作る

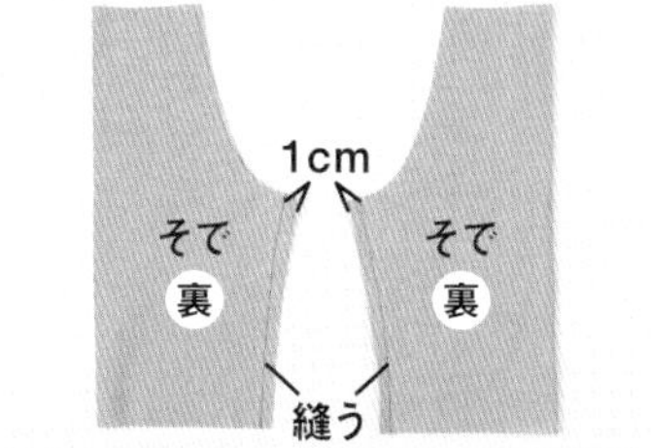

① そでをたてに二つ折りにして中表に合わせ、そで下を縫う。縫い代は後ろ側に倒して、アイロンで押さえる。もう1枚も同様に縫う。

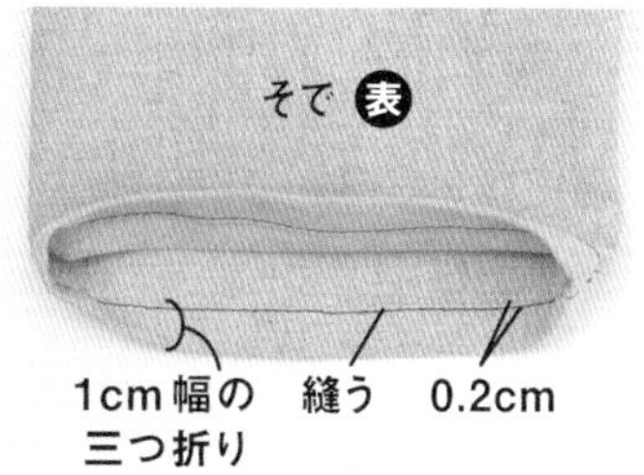

② そで口を三つ折りにする。そでの布端を1cm内側に折り、さらに1cm折り込んだら、三つ折りのきわをぐるりと縫う。

6 そでをつける

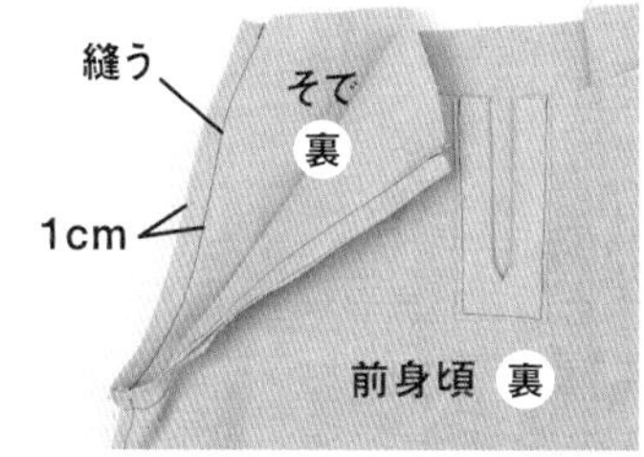

そでを**中表になるようにして身頃の中に入れ**たら、端から1cmのところを縫う。縫い代はそで側に倒して、アイロンで押さえる。

7 えりを作る

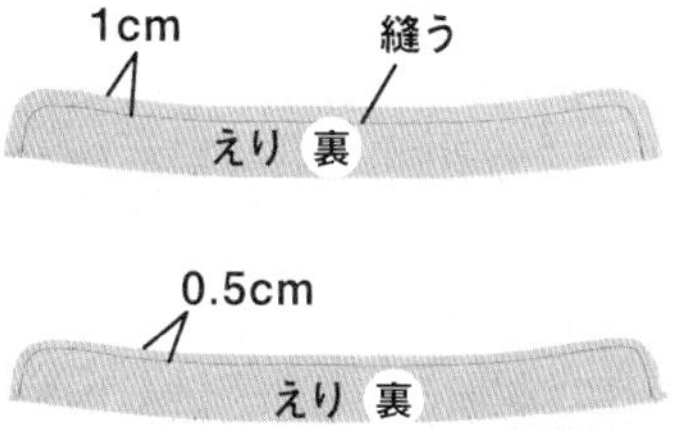

① えり2枚を中表に合わせ、3辺を縫ったら、縫い代を0.5cm残してカットする。

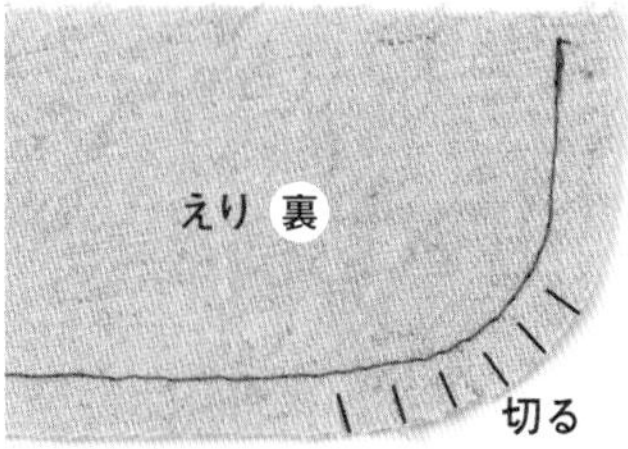

③ えりの縫い代の**カーブに、裁ちばさみで切り込みを入れる**。

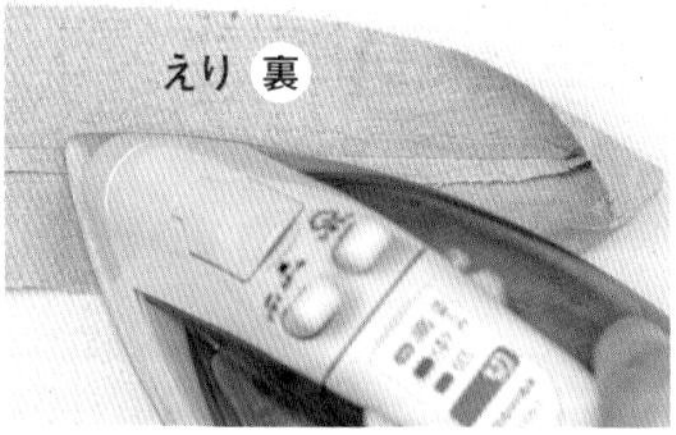

④ えりの縫い代を割り、アイロンで押さえる。

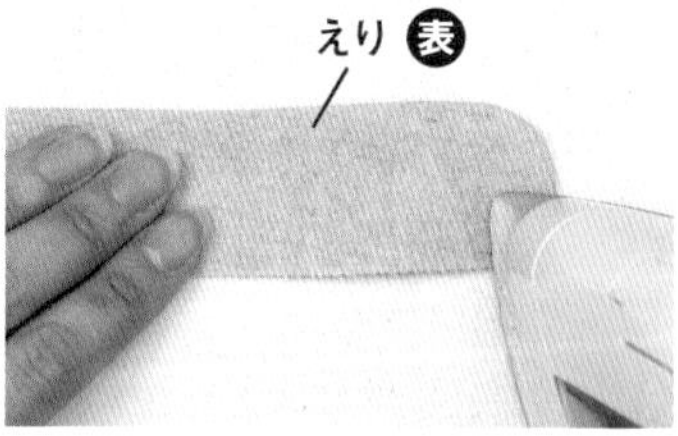

⑤ えりを表に返し、形を整えてアイロンで押さえる。

8 えりぐりにギャザーを寄せる

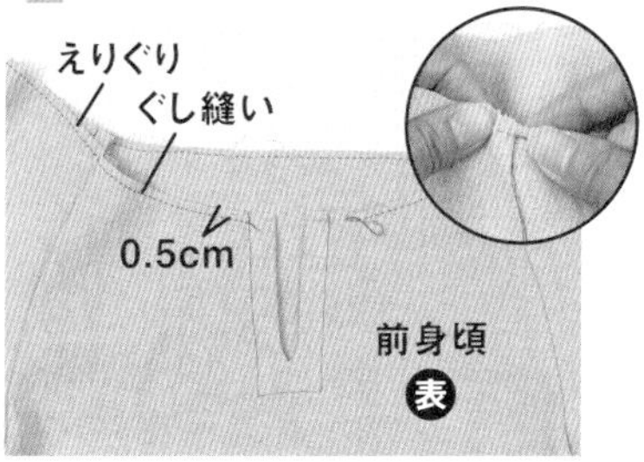

① えりぐりの端をぐし縫い（細かめの並縫い）でぐるりと縫う。ぐし縫いの代わりに粗ミシン（⇒p.106）でもよい。

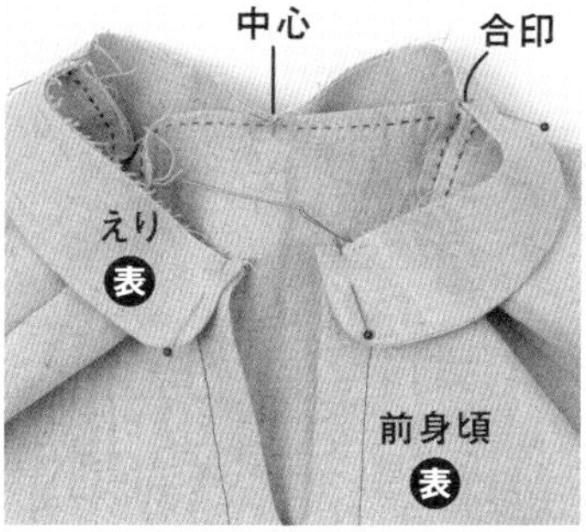

② **本体とえりを中表に合わせる。** えりの下辺とえりぐりの端を、合印の位置と、前中心と後ろ中心を合わせて、まち針でとめる。

Point

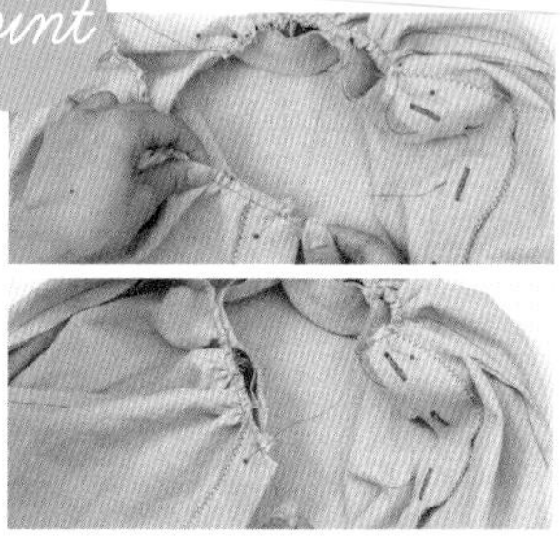

ギャザーを寄せる前にえりを合印で仮どめするのは、ギャザーを均等に寄せるため。糸を引いてギャザーを寄せ、指先でていねいにずらしていきましょう。

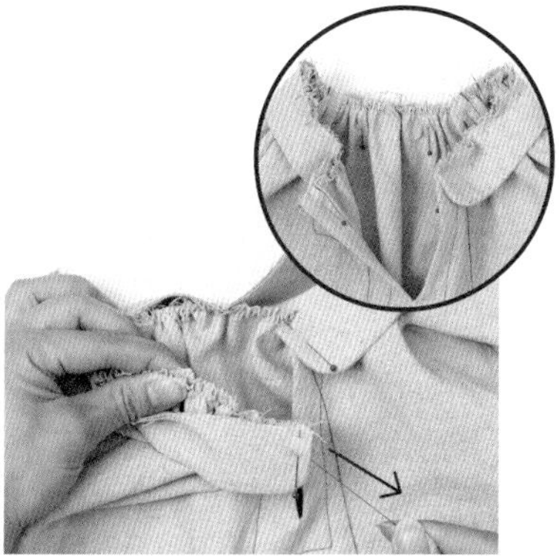

③ ①のぐし縫いの糸端を少しずつ引いて、えりぐりにギャザーを寄せる。**仮どめの位置がずれないように少しずつ寄せる**とよい。

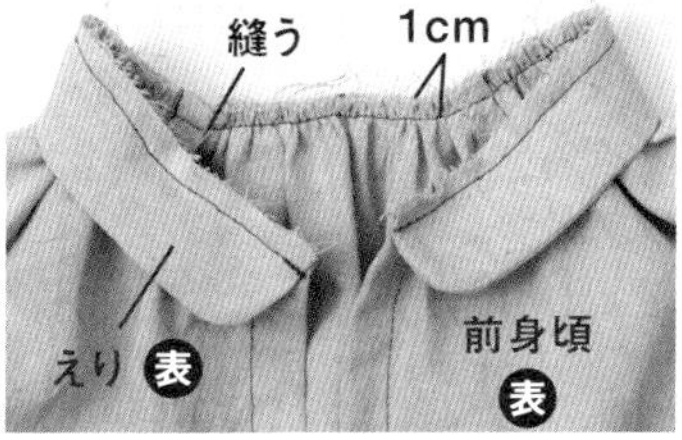

④ えりぐりとえりを縫い合わせる。ミシンをかける時は、目打ちで押さえる（⇒p.75）とスムーズ。

9 えりぐりの始末をする

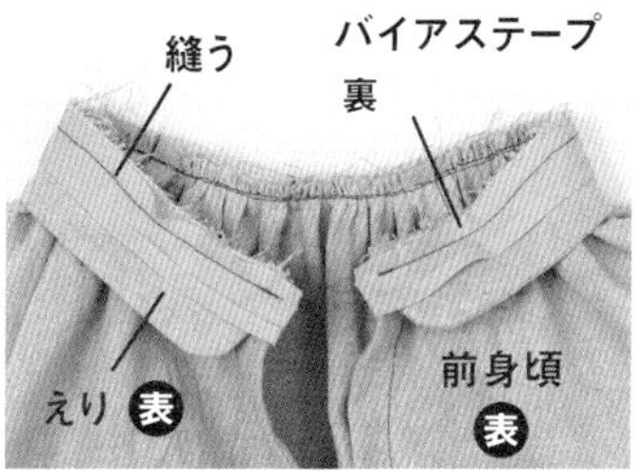

① 「見返しテクニック」（⇒p.48）の要領で、えりぐりにバイアステープを中表で合わせ、折り目の上をぐるりと縫う。その際、テープの両端は1cm余分に残す。

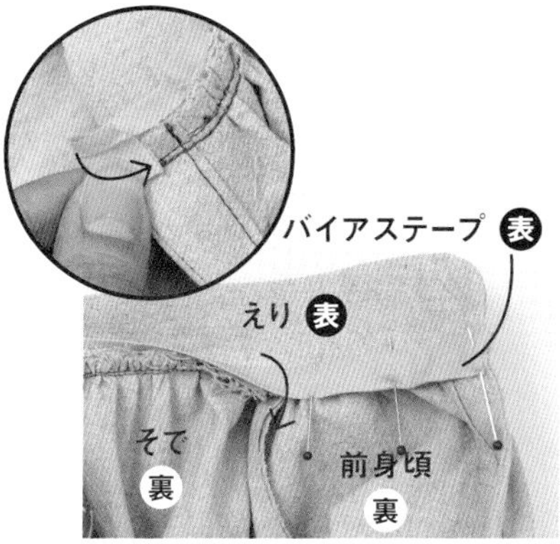

② バイアステープの**両端を内側に折り返したら**、テープをえりぐりの裏に折り返す。

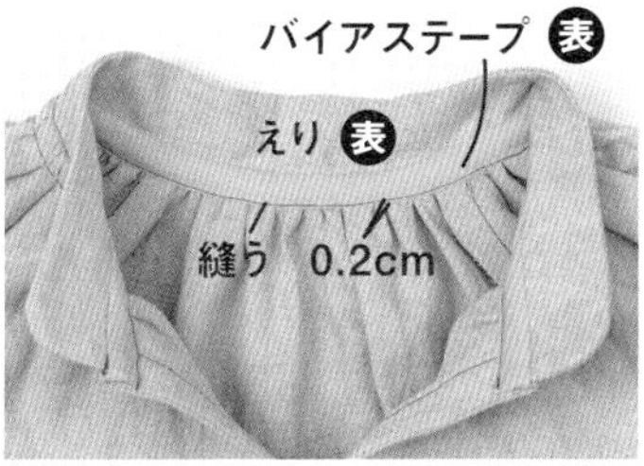

③ バイアステープのきわを縫う。

10 えり元を仕上げる

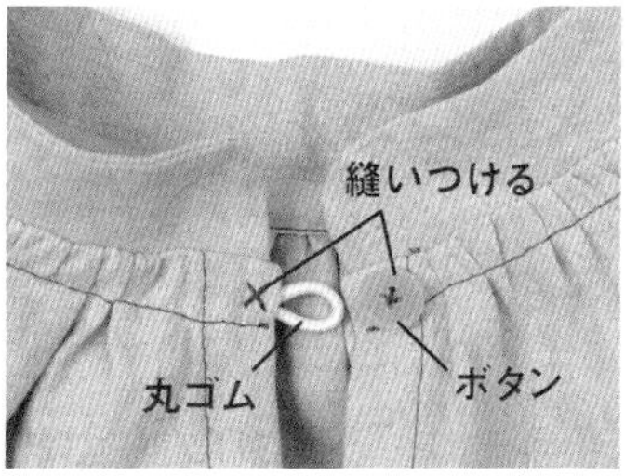

「Yシャツリメイク」手順**6**（⇒p.61）の要領で、首元に丸ゴムでフックを作り、ボタンを縫いつける。

S 前ボタンワンピース

Page 28

〔でき上がりの大きさ〕
サイズ90 — バスト73.2×着丈51cm
サイズ100 — バスト77.2×着丈55cm
サイズ110 — バスト81.2×着丈59cm

〔材料〕
布（コーデュロイ／エメラルドグリーン）— 105cm幅×175cm
*サイズ110の場合 — 105cm幅×200cm
1.27cm幅両折りバイアステープ（グリーン）— 50cm
直径1.1cmボタン（ウッド）— 9個
糸（布に近い色）

〔裁ち合わせ図〕　*表記のない縫い代はすべて1cm。
*各パーツ、次のところに合印を忘れずにつけましょう。前中心（前身頃の中心）、後ろ中心（後ろ身頃の中心）、そで山（そで上の中心）、ネックポイント（えりの中心と半分の幅の中央）、ポケット位置。

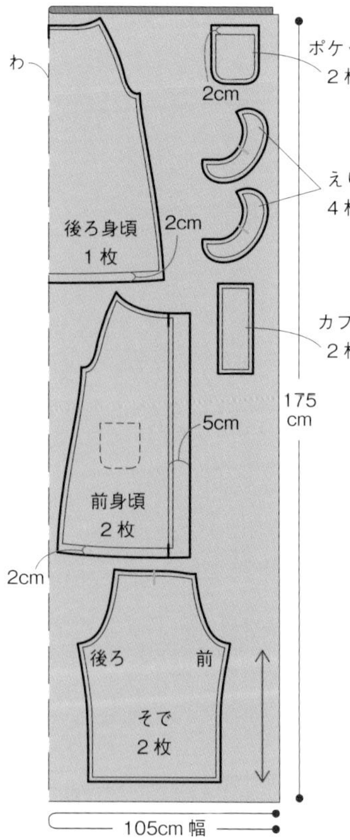

Idea
オリジナルバイアステープを作ろう！

すそやえりぐりからちらっと見えると、とってもおしゃれ。お気に入りのプリント布や余り布で作ってみましょう。

〔材料〕
布地 — 適量
長くする場合は糸（布に近い色）

〔つくりかた〕

1

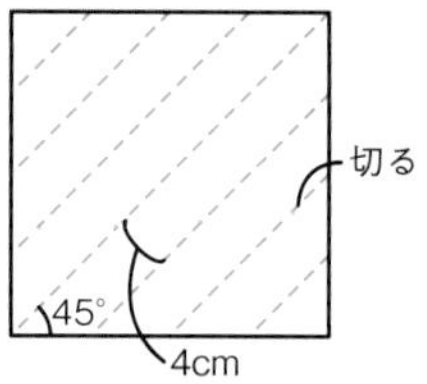

布目に対して、45°の角度でななめに線を引き、裁ちばさみで裁つ。

2

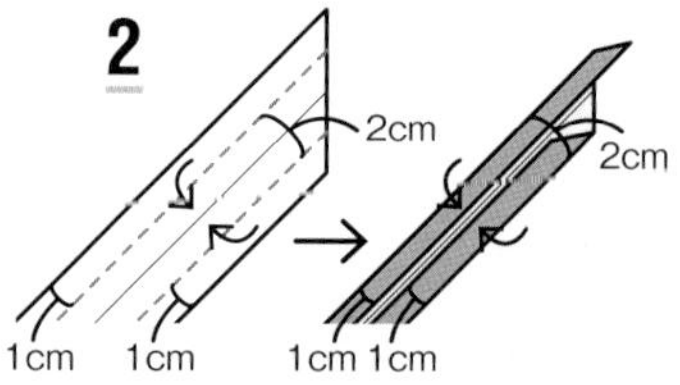

図のように折り、アイロンで押さえる。最初に半分に折ってから、折り目に布の両端を沿わせるように折るのがおすすめ。

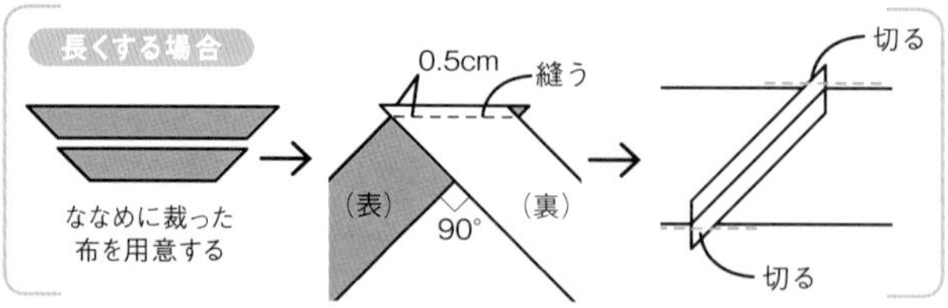

〔つくりかた〕

1 布を裁つ

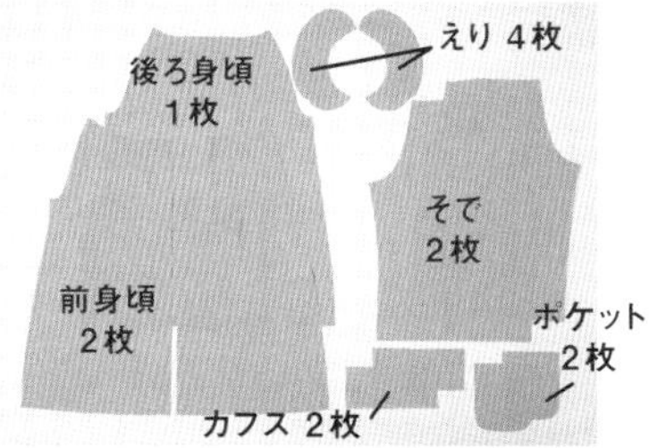

裁ち合わせ図のとおり、布を裁つ。前身頃2枚の表にポケットつけ位置の印をつける。

2 ポケットをつける

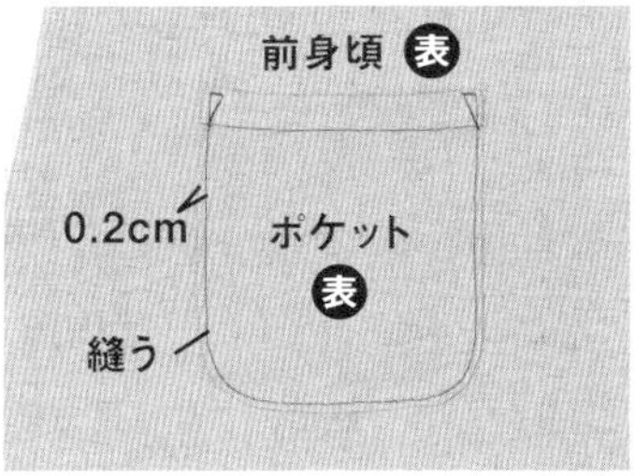

「ポケットを作る」（⇒p.79）の要領で、ポケットを作り、前身頃の表のポケットつけ位置にポケットを縫いつける。

3 身頃の脇を縫う

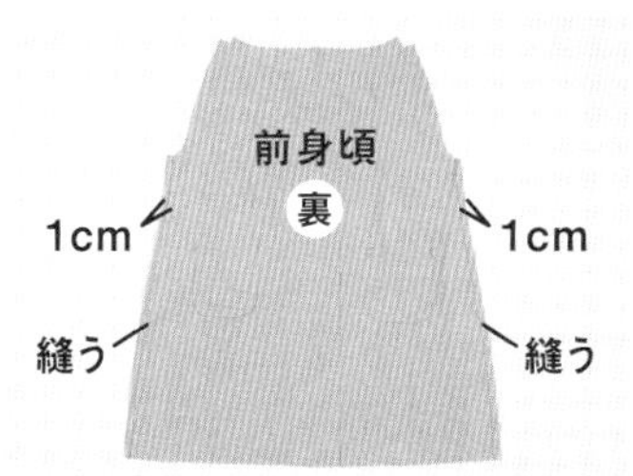

前身頃と後ろ身頃を中表に合わせて、両脇を縫う。縫い代は後ろ側に倒して、アイロンで押さえる。

4 そでを作る

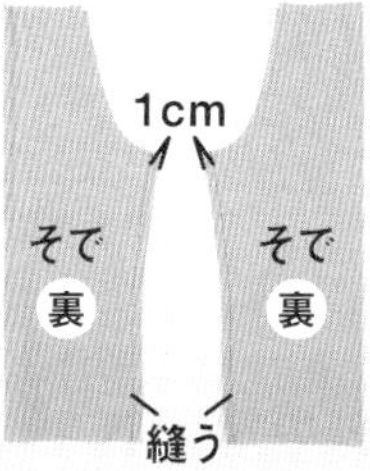

① そでをたてに二つ折りにして中表に合わせ、そで下を縫う。縫い代は後ろ側に倒して、アイロンで押さえる。もう1枚も同様に縫う。

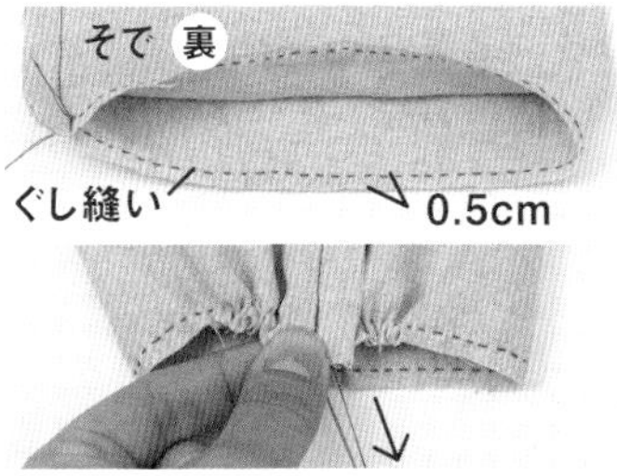

② そで口の布端をぐるりとぐし縫いし（細かめの並縫い）、糸端は長く残す。糸端を引いてギャザーを寄せる。

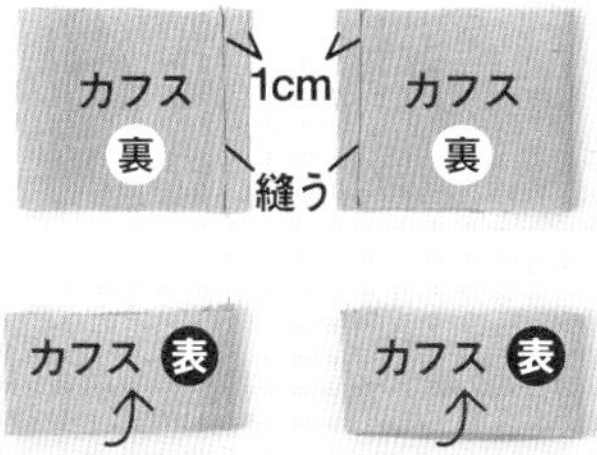

③ カフスを二つ折りにして中表に合わせ、端を縫ったら、縫い代は割り、アイロンで押さえる。さらに二つに折る。

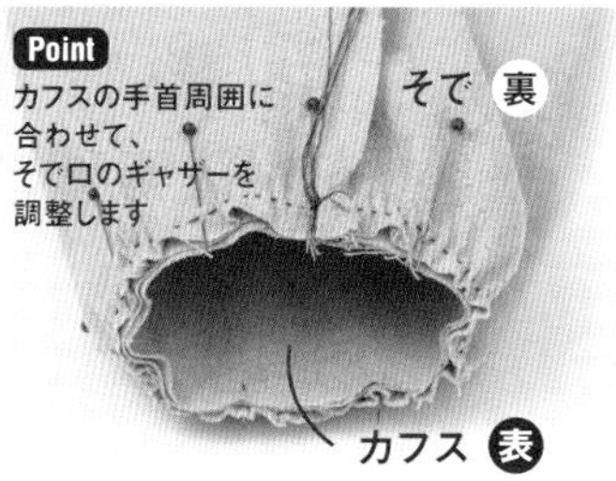

④ カフスを中に入れ、カフスとそで口を端の位置をそろえて、中表に合わせる。その際、**そでとカフスの縫い目をそろえる。**

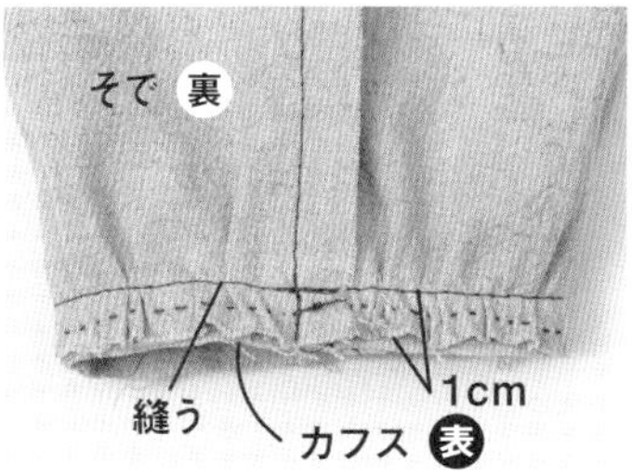

⑤ カフスとそで口を縫い合わせる。

⑥ そでを表に返す。

⑦ もう1本のそでも同様にする。そでを表に返す。

5 そでをつける

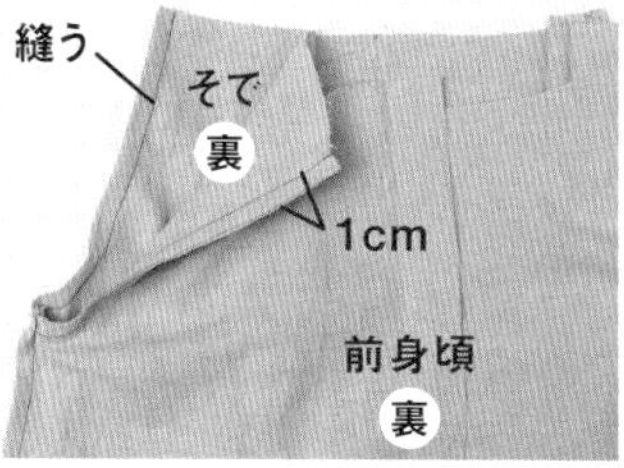

そでを**中表になるように身頃の中に入れ**たら、端から1cmのところを縫う。反対側も同様にそでを縫いつける。縫い代はそで側に倒して、アイロンで押さえる。

6 見返しの始末をする

① 前身頃の布の端にジグザグミシンをかけ端始末をする。その際、**身頃と縫い合わせないように**注意する。

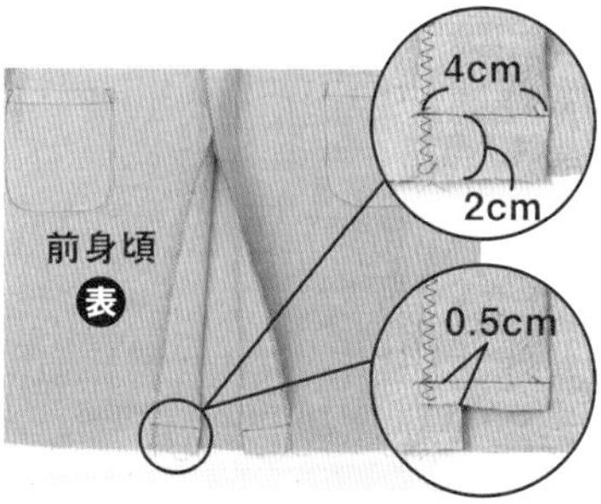

② 前身頃の見返しを前端の位置で中表に折り、見返しのすそ部分を、下端から2cmの位置で縫う。見返しの下部を縫い代0.5cm残してカットする。身頃は切らないよう注意！

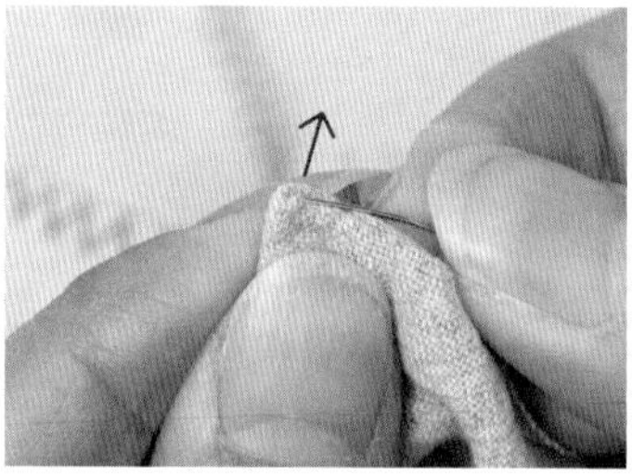

③ ②の見返しのすそ部分を表に返す。

Point

角の処理のひと手間で、仕上がりに差がつきます。見返し部分を表に返したら、角の部分に針を使って引き、しっかり角を出しましょう。

7 すそを縫う

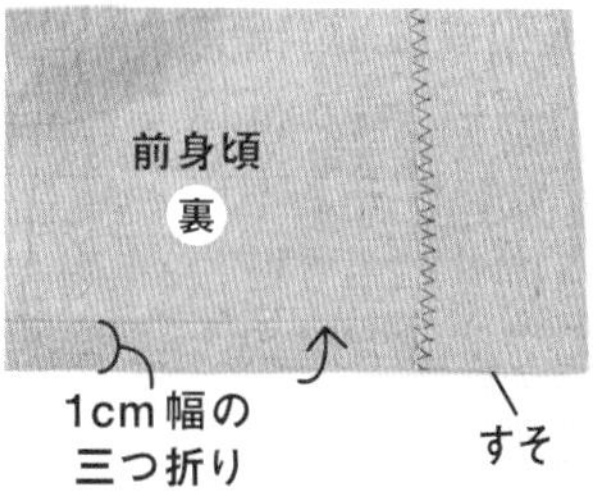

① 身頃のすそを三つ折りにする。すその布端を1cm内側に折り、さらに1cm折り込む。

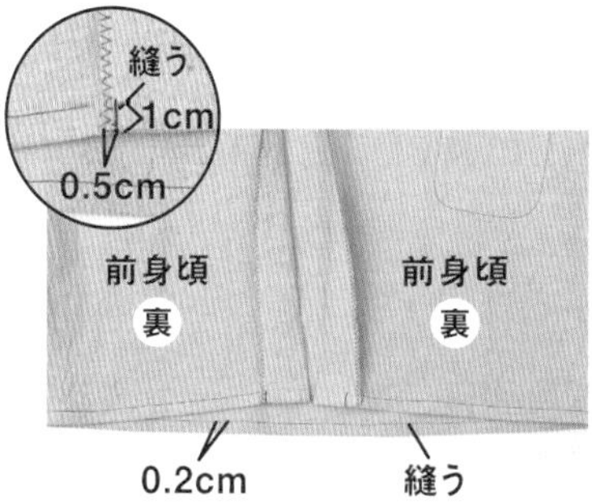

② 見返しの布端をミシンで縫い押さえたら、三つ折りのきわを縫う。

8 首元を処理する

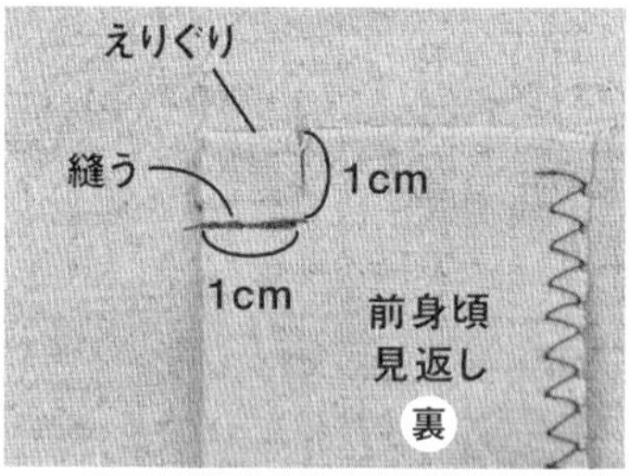

① 見返しのえりぐり部分を写真のように縫い、切り込みを入れる。

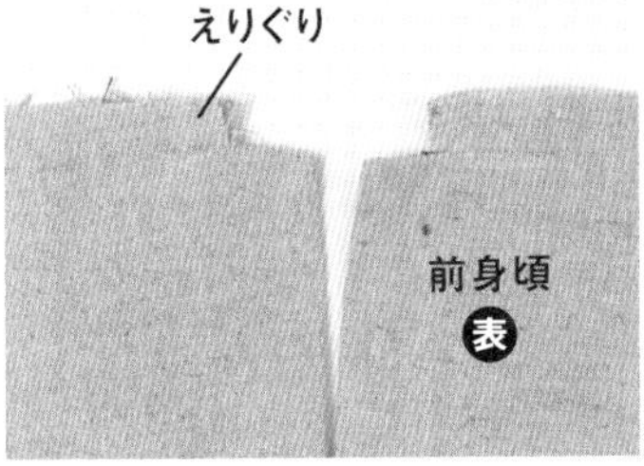

② 見返しのえりぐり部分を表に返して、**6**-③ Pointの要領で針を使って、角を出す。

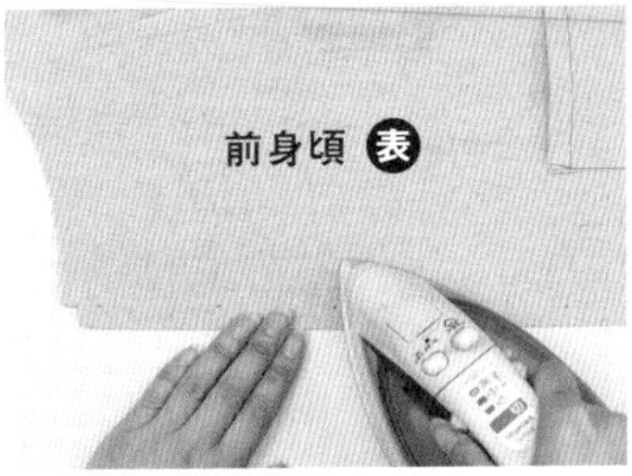

③ 見返し部分を仕上がり線の位置で折り、アイロンで押さえる。

9 ボタンホールを作る

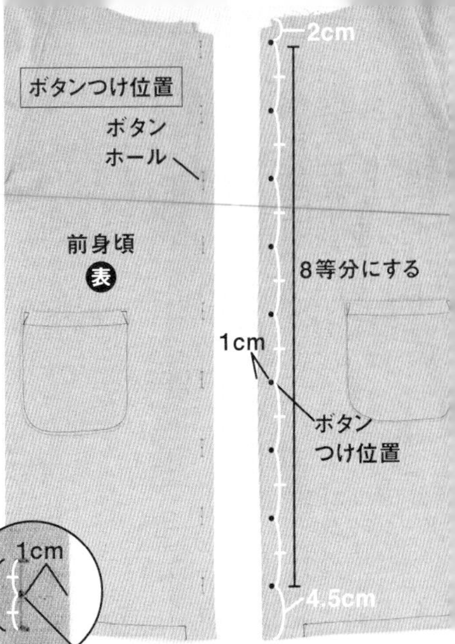

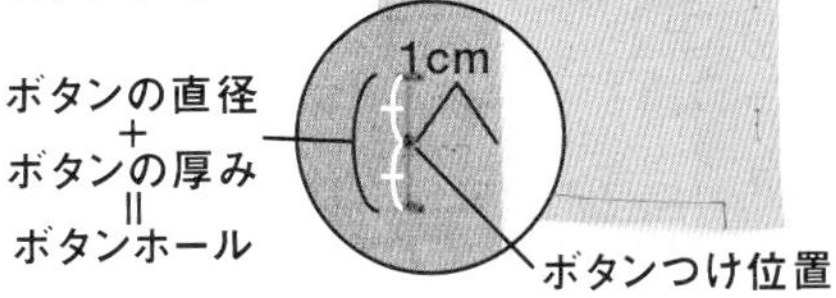

① 左前身頃の前端9か所に、ボタンつけ位置の印をつけ、その位置に合わせて右前身頃の前端にボタンホールの印をつけたら、ミシンの機能を使いボタンホールを縫う。

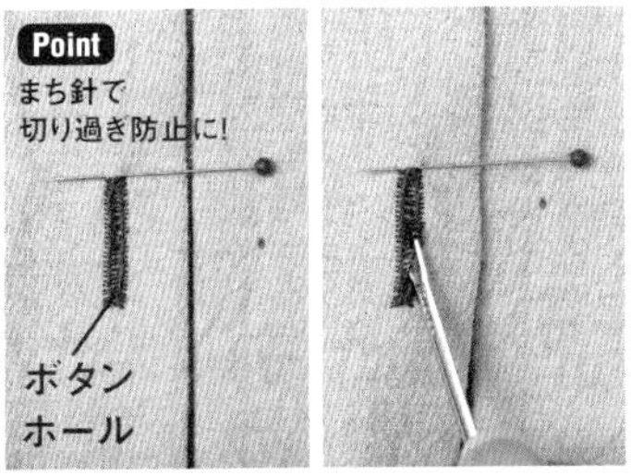

② ボタンホールの上側にまち針をとめ、ホールの中をリッパーで切って穴をあける。

10 えりを作る

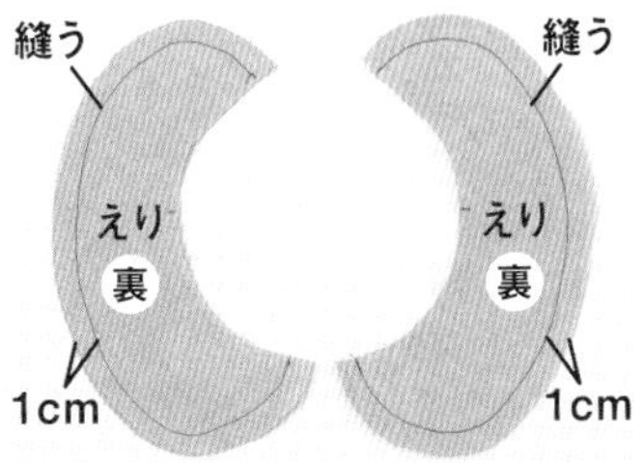

① えり2枚を中表に合わせ、3辺を縫う。残りの2枚も同様にする。

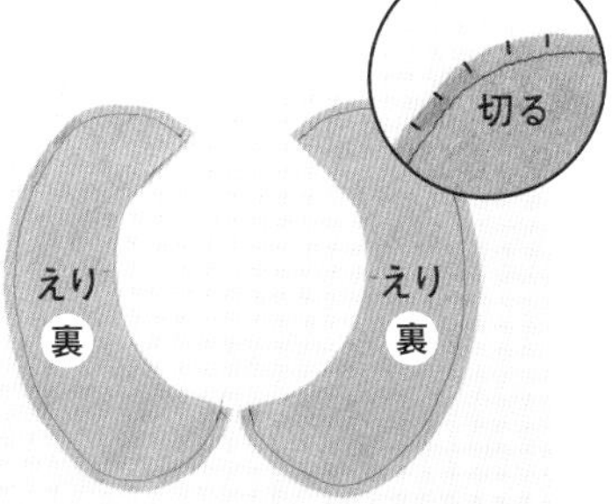

② 縫い代を0.5cm残してカットする。えりの**縫い代のカーブに、裁ちばさみで切り込みを入れる。**

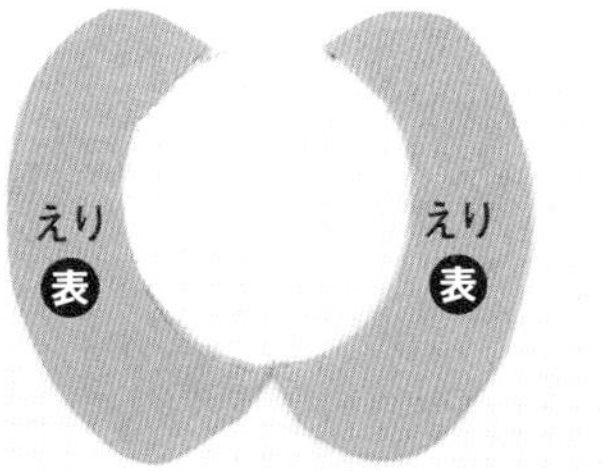

③ えりの縫い代を割り、アイロンで押さえたら、表に返す。形を整えて、アイロンで押さえる。

11 えりぐりに ギャザーを寄せる

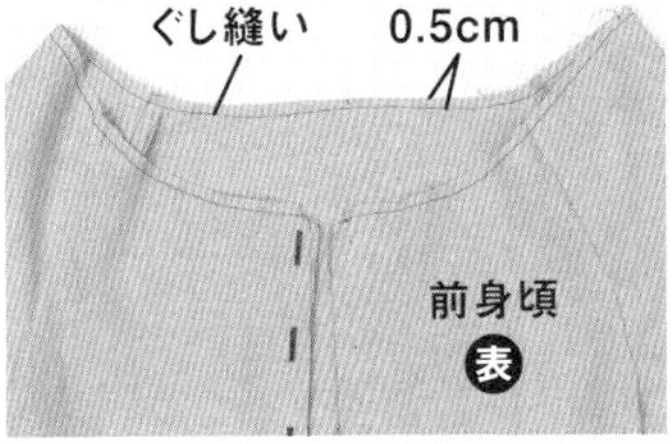

① えりぐりの端をぐし縫いでぐるりと縫う。ぐし縫いの代わりに、粗ミシン(⇒p.106)でもよい。

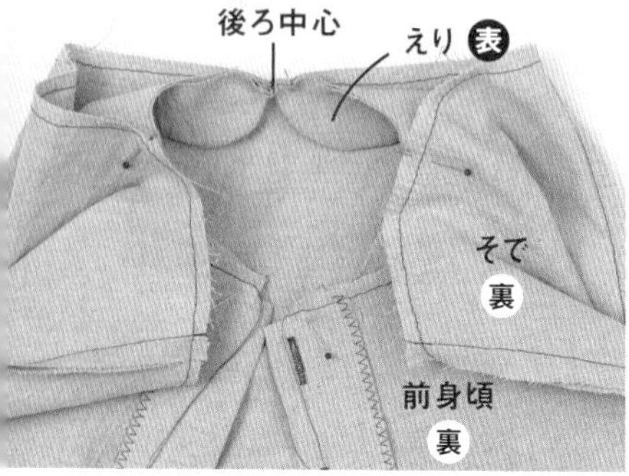

② えりぐりの左右に1枚ずつえりがつくように配置する。えりの下辺とえりぐりの端を、合印と、前中心と後ろ中心の位置を合わせて、まち針でとめる。

③ ぐし縫いの糸端を少しずつ引いて、えりぐりにギャザーを寄せる。**仮どめの位置がずれないように少しずつ寄せる**とよい。

Point

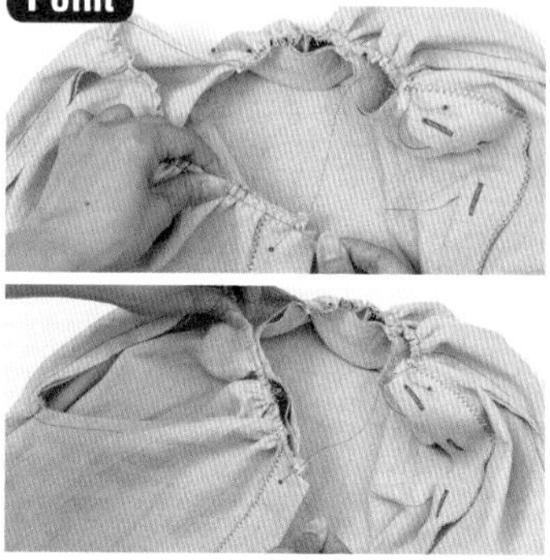

ギャザーを寄せる前にえりを合印で仮どめするのは、ギャザーを均等に寄せるため。糸を引いてギャザーを寄せ、指先でていねいにずらしていきましょう。

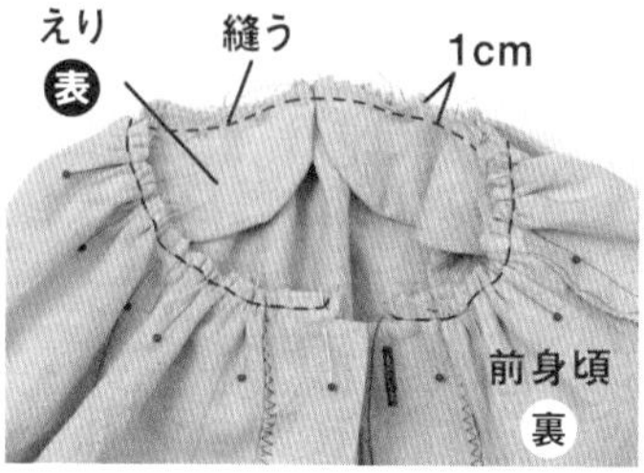

④ ギャザーが均等になり、えりとえりぐりの長さがそろったらOK。端を縫い合わせる。

12 えりぐりの始末をする

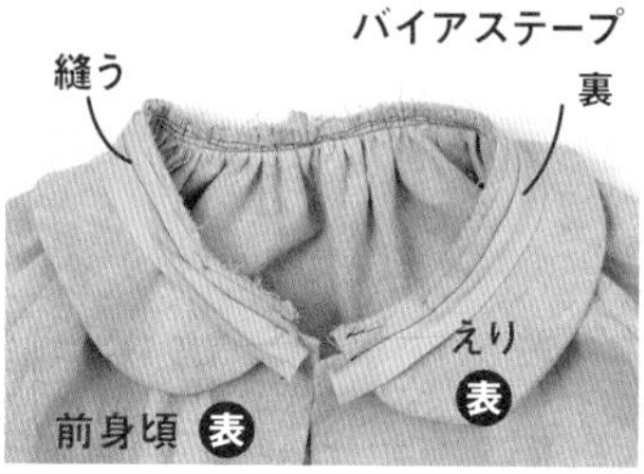

① 「見返しテクニック」(⇒p.48)の要領で、えりぐりにバイアステープを中表で合わせ、折り目の上を縫う。その際、テープの両端は1cm余分に残す。

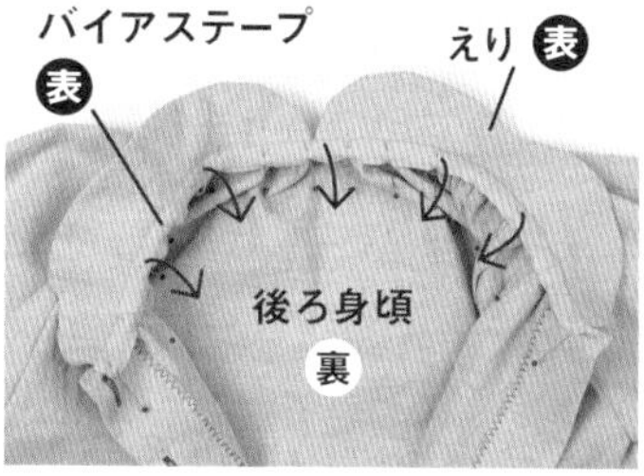

② バイアステープの両端を、**えりの端の位置で内側に折り返し**てから、テープをえりぐりの裏に折り返す。

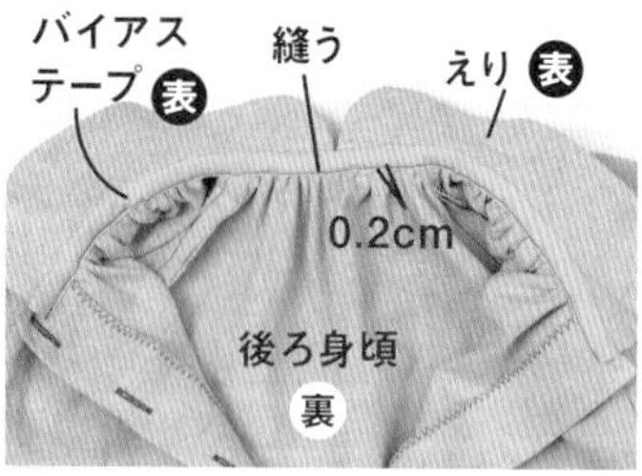

③ バイアステープのきわを縫う。

13 ボタンをつける

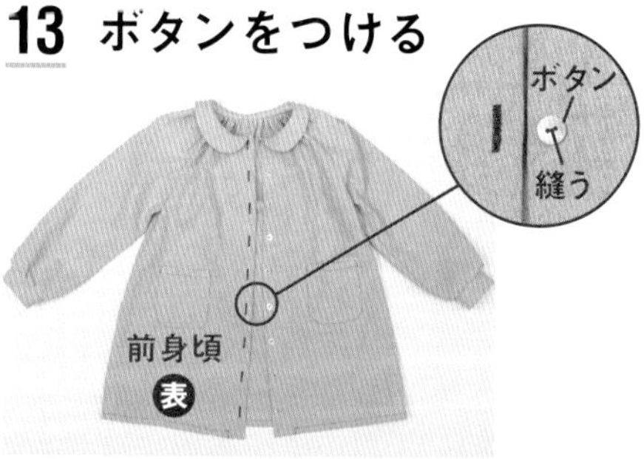

9のボタンつけ位置にボタンを縫いつける。

T おでかけワンピース

Page 29

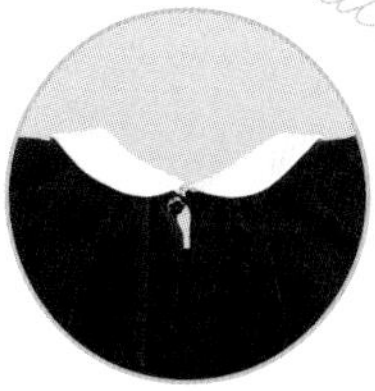

〔でき上がりの大きさ〕

サイズ90 ― バスト73.2×着丈51cm
サイズ100 ― バスト77.2×着丈55cm
サイズ110 ― バスト81.2×着丈59cm

〔材料〕

布（コーデュロイ／ネイビー）― 105cm幅×150cm
＊サイズ110の場合 ― 105cm幅×170cm
布（コットン／白）― 105cm幅×20cm
1.27cm幅両折りバイアステープ（黒）― 50cm
直径1.1cmボタン ― 1個
丸ゴム ― 4.5cm
糸（布に近い色）
型紙アレンジ用の紙（A3 2枚）、テープ

型紙のアレンジ

下身頃の型紙をアレンジする

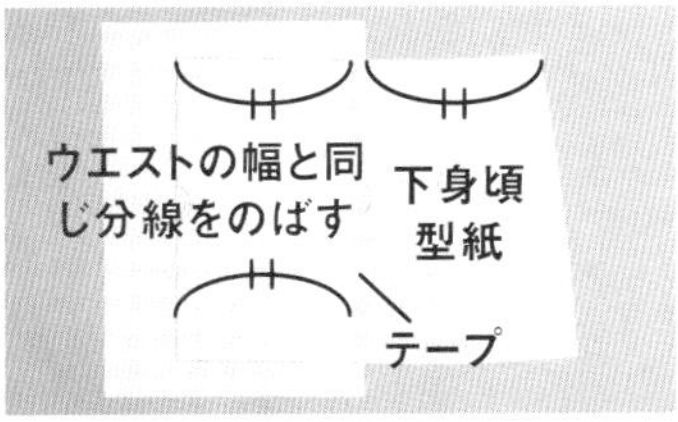

❶ 下身頃の型紙をハトロン紙に写して形に切る。わ側に紙を足してテープでとめ、下身頃型紙のウエスト位置とすそ位置の線をのばし、上下をつなぐように、たてにも線を引く。

❷ 余分な紙をカットする。下前身頃、下後ろ身頃それぞれに同じ要領で用意する。

〔裁ち合わせ図〕 ＊表記のない縫い代はすべて1cm。
＊各パーツ、次のところに合印を忘れずにつけましょう。前中心（上身頃・下身頃の中心）、後ろ中心（上身頃・下身頃の中心）、そで山（そで上の中心）、ウエスト切り替え（半分の幅の中央）、ネックポイント（えりの中心）。
＊オレンジの印の縫い代は型紙には含まれません。＋1cm追加してください。

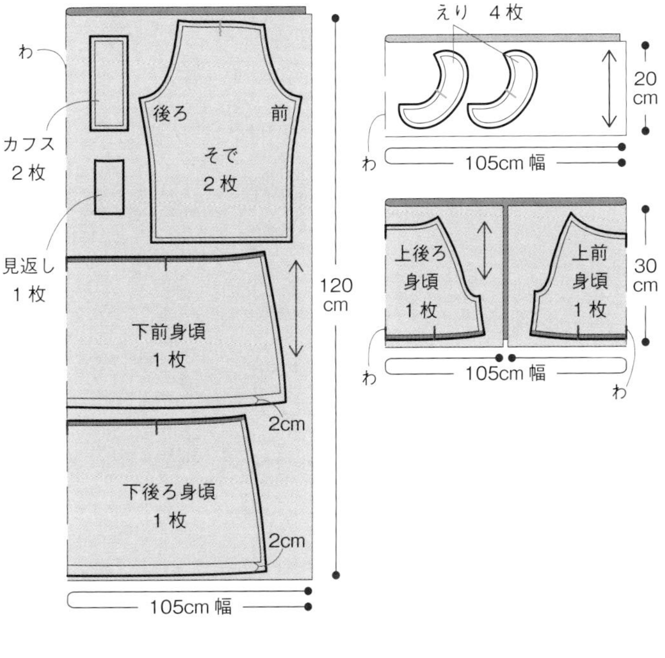

〔つくりかた〕

1 布を裁つ

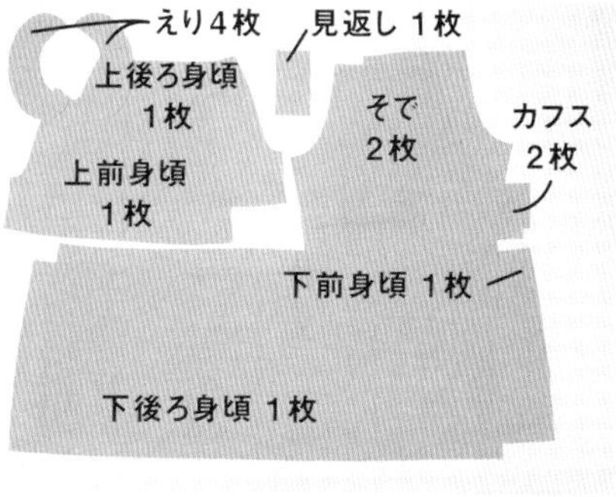

裁ち合わせ図のとおり、布を裁つ。

2 見返しを処理する

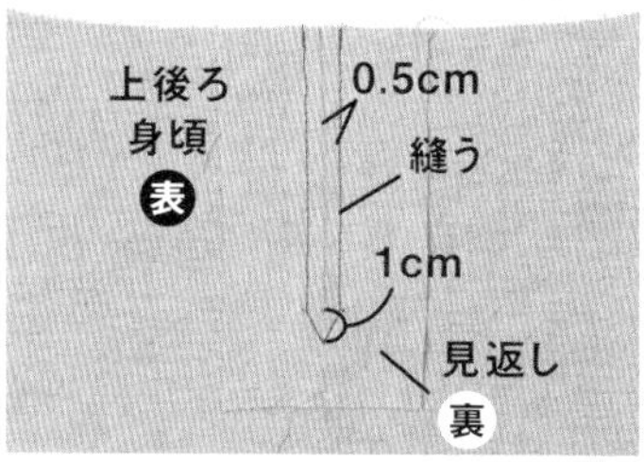

①「七分そでブラウス」手順2-①～③（⇒p.97）の要領で、上後ろ身頃のえり中心に見返し布を縫いつける。

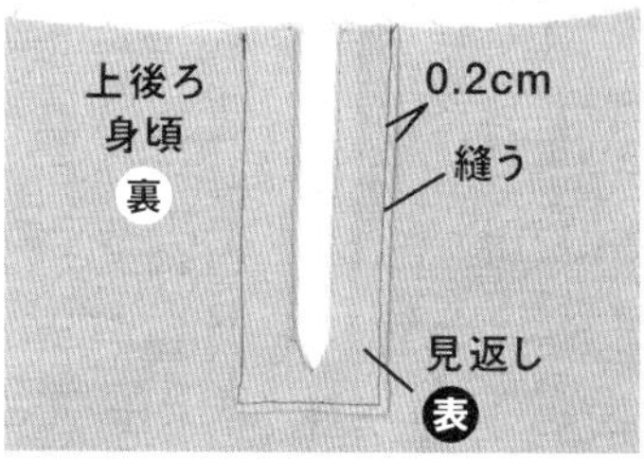

②「七分そでブラウス」手順2-④～⑧（⇒p.97）の要領で、見返し布を裏側に折り返し、3辺を上後ろ身頃に縫う。

3 上身頃の脇を縫う

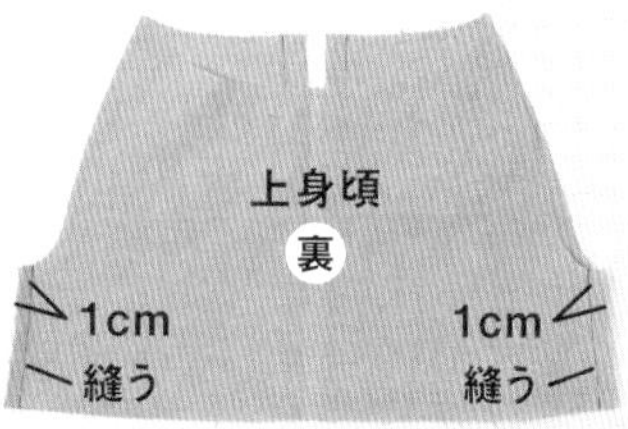

上前身頃と上後ろ身頃を中表に合わせて、両脇を縫う。縫い代は後ろ側に倒して、アイロンで押さえる。

4 下身頃の脇を縫う

前下身頃と後ろ下身頃を中表に合わせて、両脇を縫う。縫い代は後ろ側に倒して、アイロンで押さえる。

5 下身頃をぐし縫いする

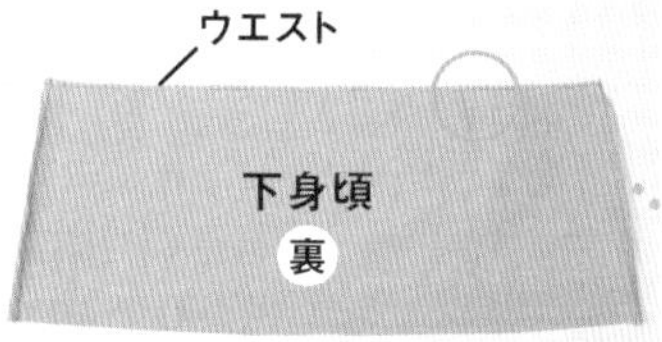

下身頃のウエスト部分の布端をぐるりとぐし縫いする。手縫いではなく、ミシンを使ってもOK。

6 すそを縫う

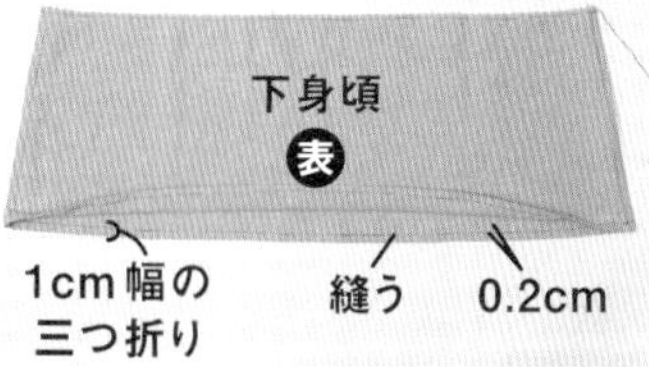

下身頃のすそを三つ折りにする。すその布端を1cm内側に折り、さらに1cm折り込んだら、三つ折りのきわをぐるりと縫う。

ミシンを使ったギャザーのぐし縫い"粗ミシン"

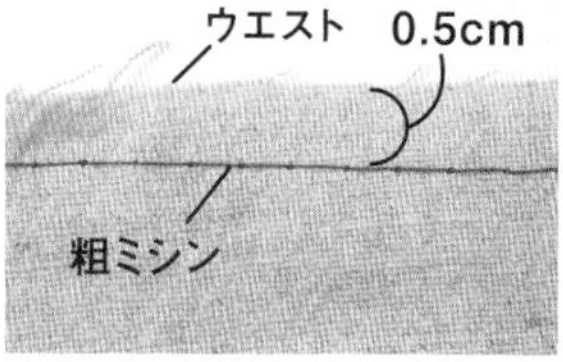

① **上糸を強く、縫い目を大きくしてかける「粗ミシン」は、ぐし縫いの代わりになる。**

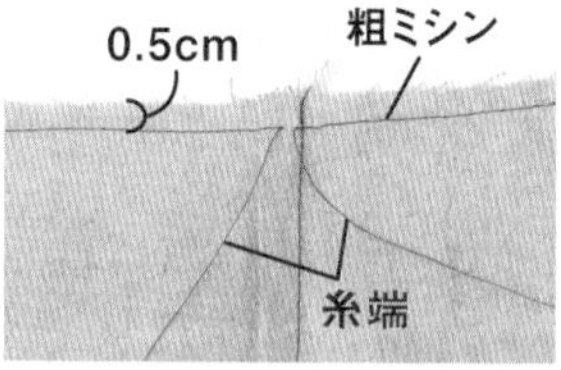

② 粗ミシンをかけたら、引っ張りやすいように糸端は長めに残しておく。

7　上身頃と下身頃を合わせ、ギャザーを寄せる

① **3**の上身頃は表に返す。

② 上身頃を下身頃の中に入れ、**上身頃の下辺と下身頃のウエスト部分を中表で合わせ**、両脇、前後の中心、さらにその中央の位置計8か所で合わせて、まち針でとめる。

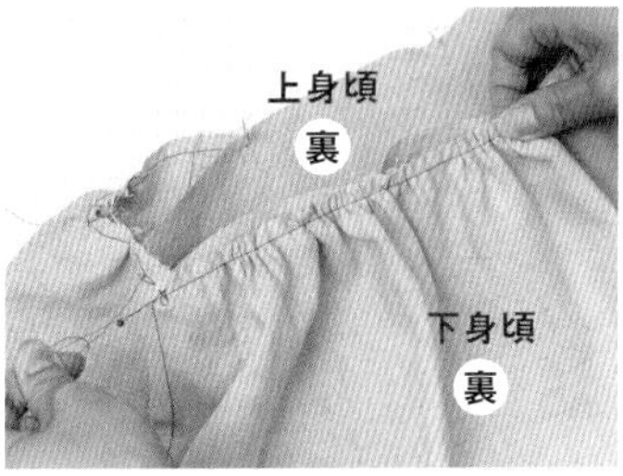

③ **5**のぐし縫いの糸端を引き、下身頃にギャザーを寄せる。

粗ミシンは引く糸に注意

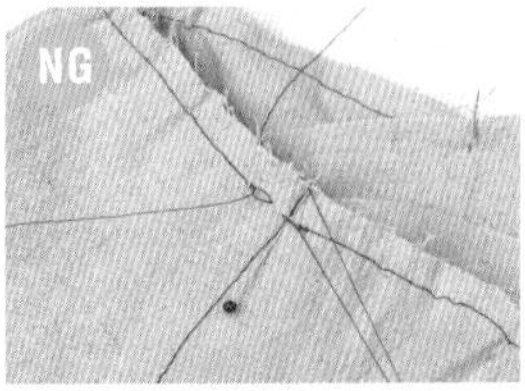

上糸と下糸を同時に引いても
ギャザーが寄りません。

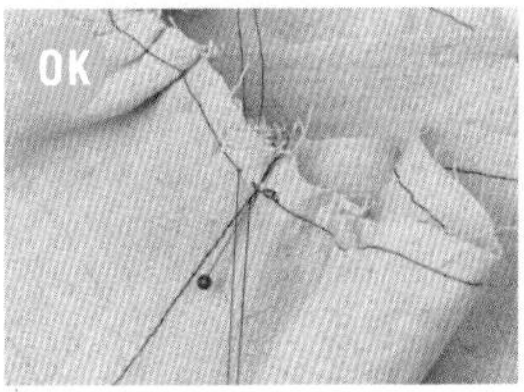

糸は「上糸を引く」のが正解。

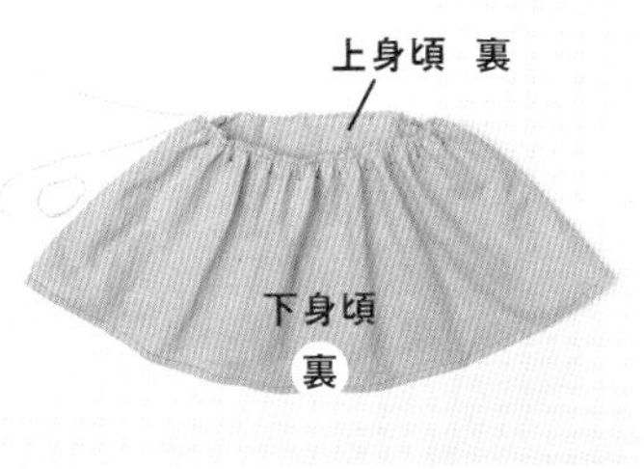

④ ギャザーがきれいに寄ったところ。

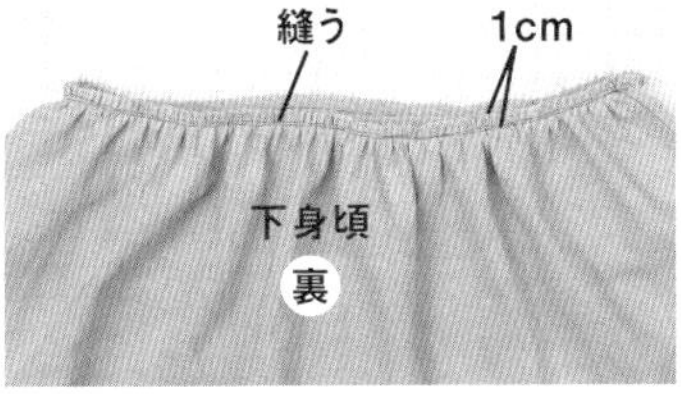

⑤ 下身頃と上身頃のウエスト部分を縫い合わせる。

⑥ 身頃ができたところ。

8　そでを作る

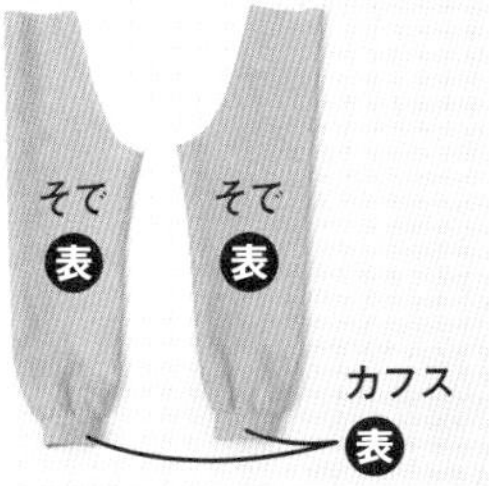

「前ボタンワンピース」手順**4**（⇒p.101）の要領で、そでを2本作る。

9　そでをつける

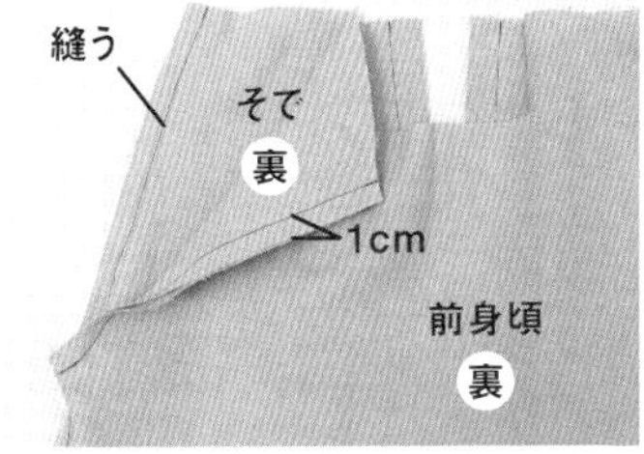

そでを**中表になるように身頃の中に入れ**たら、端から1cmのところを縫う。縫い代はそで側に倒して、アイロンで押さえる。反対側も同様にそでをつける。

10 えりを作る

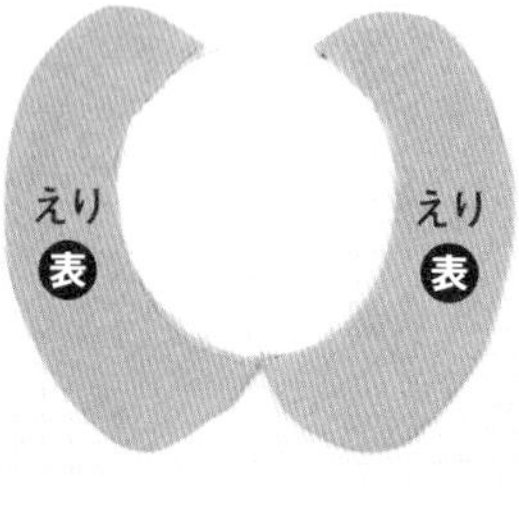

「前ボタンワンピース」手順**10**（⇒p.103）の要領で、えりを2枚作る。

11 えりぐりにギャザーを寄せる

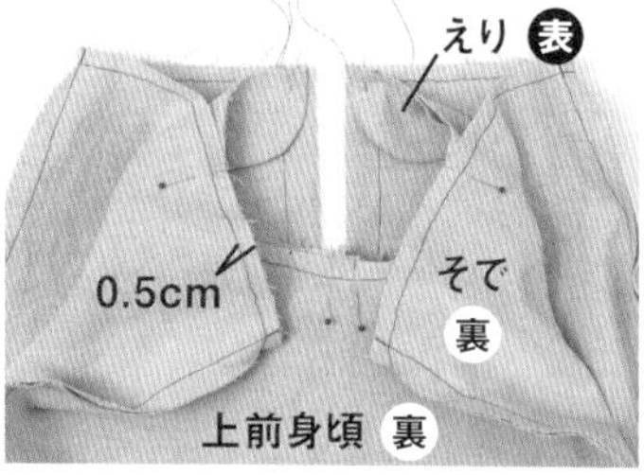

① えりぐりの端をぐし縫いでぐるりと縫い、えりぐりの**左右に1枚ずつえりがつくように配置**する。えりの下辺とえりぐりの端を、合印と、前中心と後ろのあきの位置を合わせて、まち針でとめる。

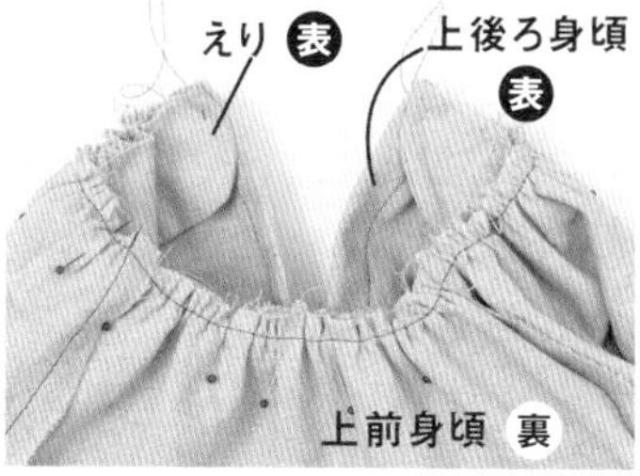

② ①のぐし縫いの糸端を少しずつ引いて、えりぐりにギャザーを寄せる。**仮どめの位置がずれないように少しずつ寄せる**とよい。

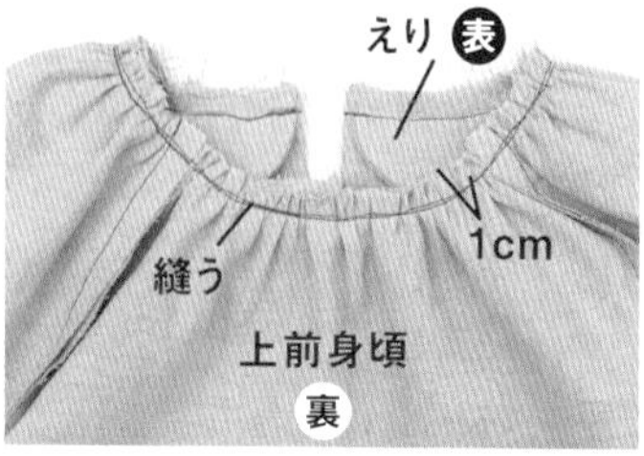

③ えりとえりぐりの端を縫い合わせる。

12 えりぐりの始末をする

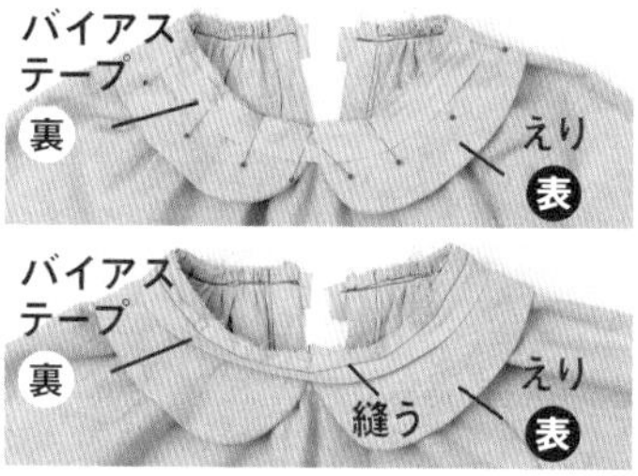

① 「見返しテクニック」（⇒p.48）の要領で、えりぐりにバイアステープを中表で合わせ、折り目の上をぐるりと縫う。その際、テープの両端は1cm余分に残す。

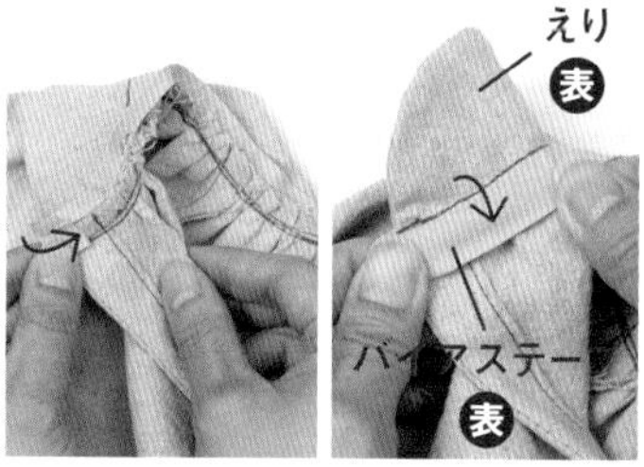

② バイアステープの**両端は内側に折り返す**。

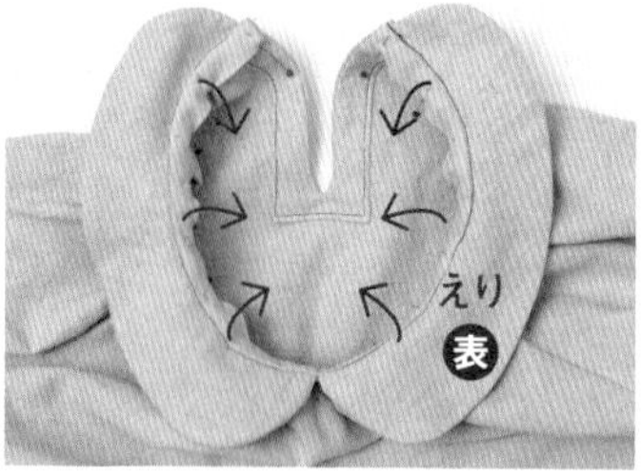

③ テープをえりぐりの裏に折り返す。

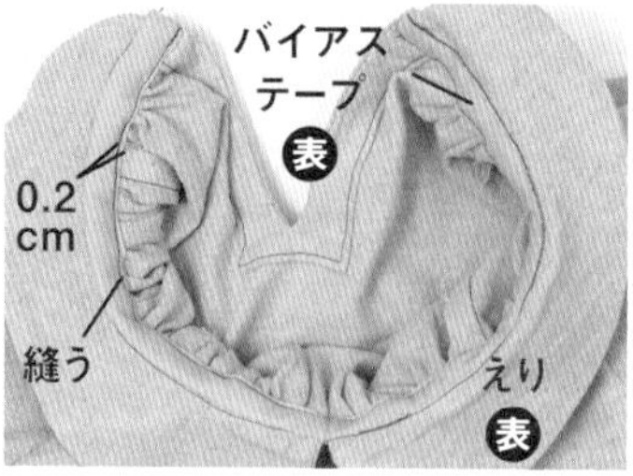

④ バイアステープのきわを縫う。

13 後ろあきにボタンをつける

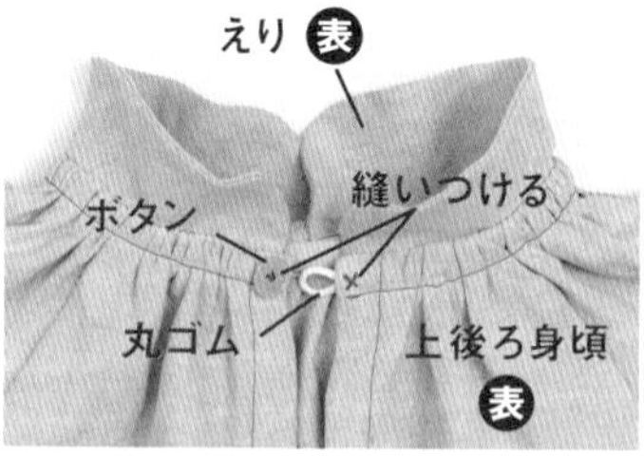

「ノーカラータックワンピース」手順**6**（⇒p.61）の要領で、後ろ中心のあき部分にに丸ゴムでフックを作り、ボタンを縫いつける。

えりなし
ギャザーワンピース

Page 30

〔でき上がりの大きさ〕

サイズ90 ── バスト73.2×着丈51cm
サイズ100 ── バスト77.2×着丈55cm
サイズ110 ── バスト81.2×着丈59cm

〔材料〕

布（リネン／ストライプ・水色×白）── 140cm幅×150cm
1.8cm幅両折りバイアステープ（水色）── 50cm
直径1.1cmボタン（貝）── 4個
糸（布に近い色）

〔裁ち合わせ図〕 ＊表記のない縫い代はすべて1cm。

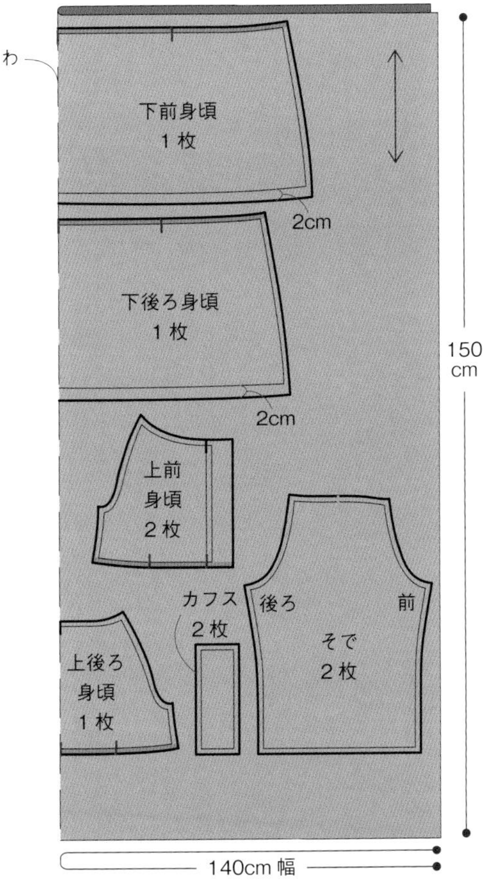

＊各パーツ、次のところに合印を忘れずにつけましょう。前中心（上身頃・下身頃の中心）、後ろ中心（上身頃・下身頃の中心）、そで山（そで上の中心）、上下身頃のウエスト切り替え（半分の幅の中央）。
＊オレンジの印の縫い代は型紙には含まれません。＋1cm追加してください。
＊下身頃は「おでかけワンピース」（⇒p.105）と同じように型紙をアレンジしてください。

**ここまでレッスンしてきた
すべてのテクニックを
おさらいするつもりで
仕上げてみましょう！**

〔つくりかた〕

1 布を裁つ

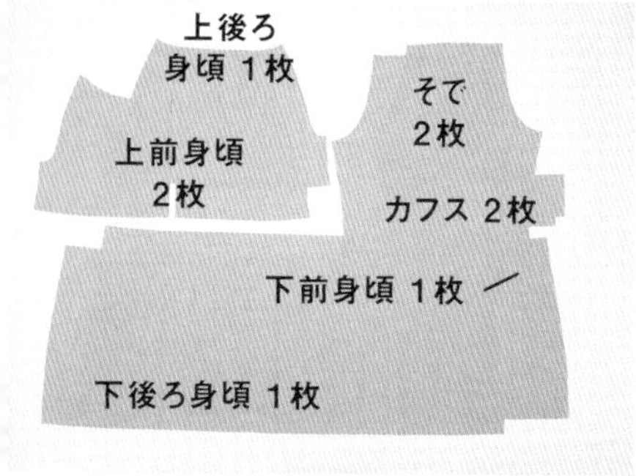

下身頃は型紙をアレンジする。裁ち合わせ図のとおり、布を裁つ。

2 上身頃を作る

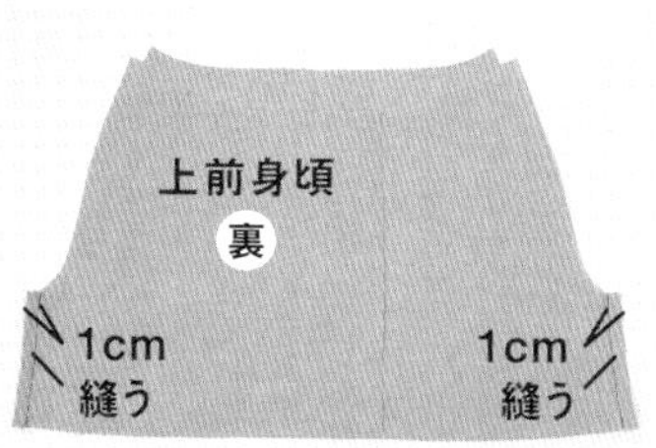

❶ 上前身頃と上後ろ身頃を中表に合わせて、両脇を縫う。縫い代は後ろ側に倒して、アイロンで押さえる。

❷ 上前身頃の布の端にジグザグミシンをかけ端始末にする。その際、身頃と縫い合わせないように注意する。

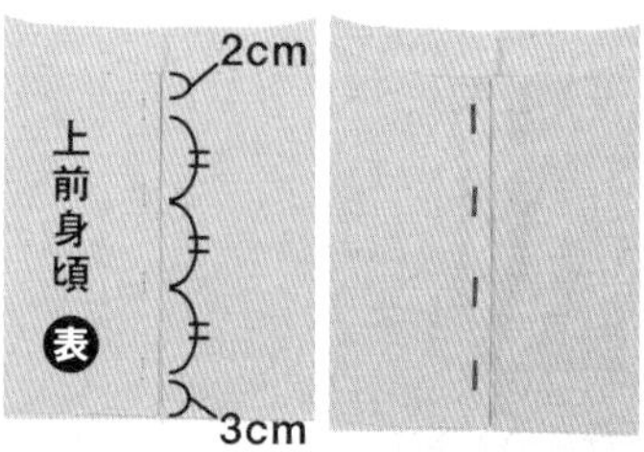

❸ 上前身頃の見返しを前端の位置で中表に折り、「前ボタンワンピース」手順**9**（⇒p.103）の要領で、ボタンつけ位置4か所に印をつけ、ボタンホールを作る。

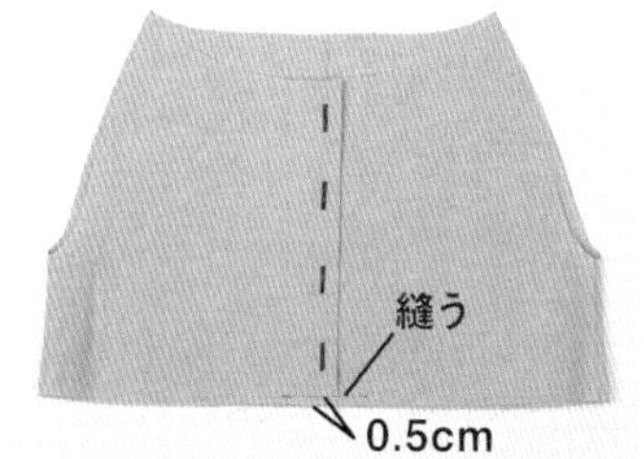

❹ 上前身頃の前端を**右が上になるように重ねる。**その際は左右の前中心で合わせる。下端を見返しの幅分を縫って、仮どめする。

3 下身頃の脇を縫う

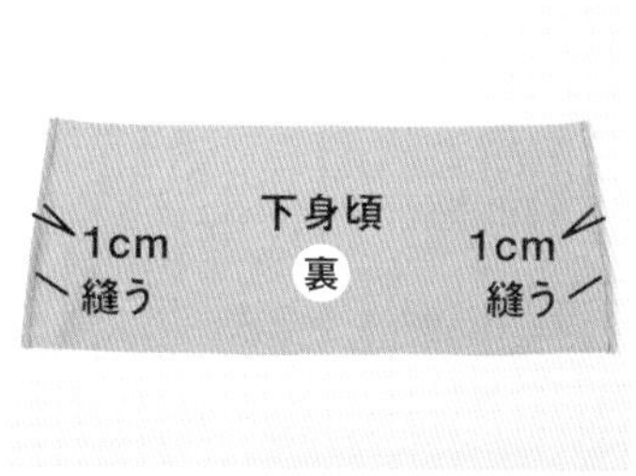

下前身頃と下後ろ身頃を中表に合わせて、両脇を縫う。縫い代は後ろ側に倒して、アイロンで押さえる。

4 下身頃のウエスト、すそを縫う

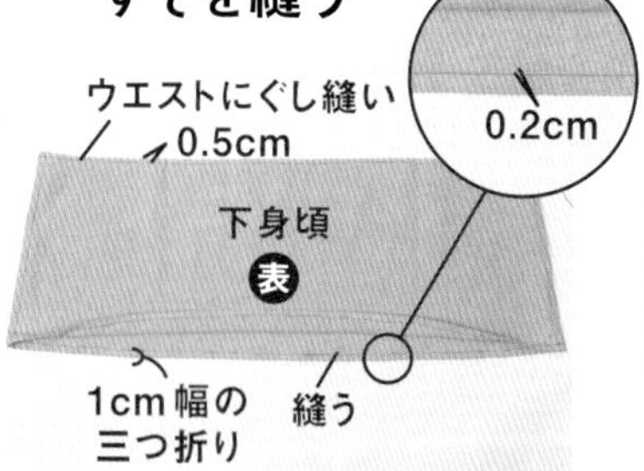

下身頃のウエスト部分の布端にぐるりとぐし縫いするか粗ミシン（⇒p.106）をかける。すそを1cm幅の三つ折りにし、三つ折りのきわをぐるりと縫う。

5 上身頃と下身頃を合わせる

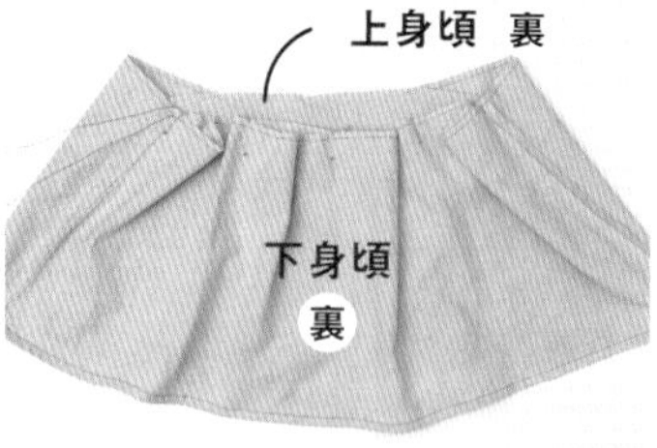

上身頃を下身頃の中に入れ、**上身頃の下辺と下身頃のウエスト部分を、中表で合わせ**、両脇、前後の中心、さらにその中央の位置計8か所で合わせて、まち針でとめる。

6 ギャザーを寄せて縫う

❶ ぐし縫いの糸端を引き、下身頃にギャザーを寄せる。

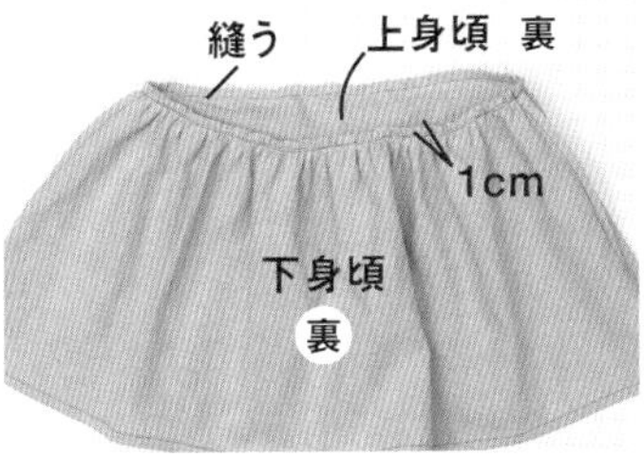

② 下身頃と上身頃のウエスト部分を縫い合わせる。

7 そでを作る

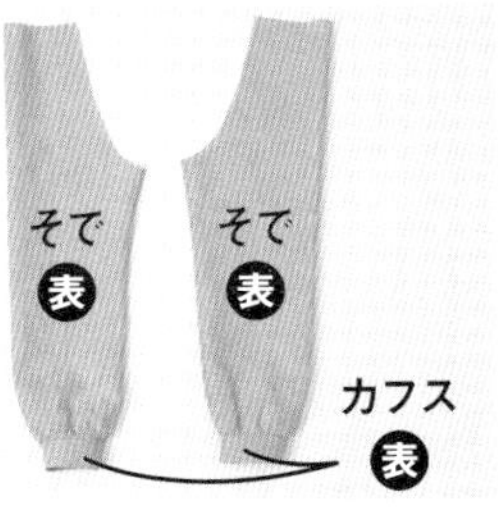

「前ボタンワンピース」手順**4**（⇒p.101）の要領で、そでを2本作る。

8 そでをつける

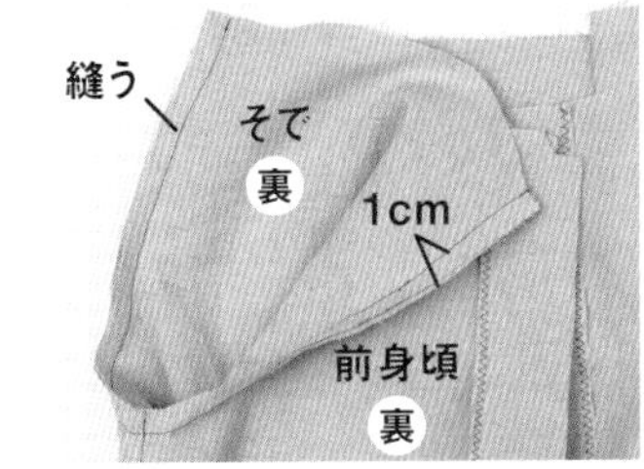

そでを**中表になるように身頃の中に入れ**たら、端から1cmのところを縫う。縫い代はそで側に倒して、アイロンで押さえる。反対側も同様にそでをつける。

9 えりぐりをバイアステープでくるむ

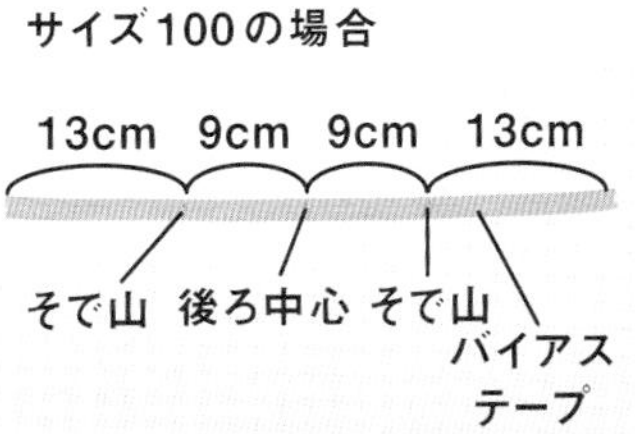

① バイアステープは写真の位置に合印をつける。なお、サイズ90の場合は「12.5cm/8.7cm/8.7cm/12.5cm」、サイズ110の場合は「13.5cm/9.3cm/9.3cm/13.5cm」となる。

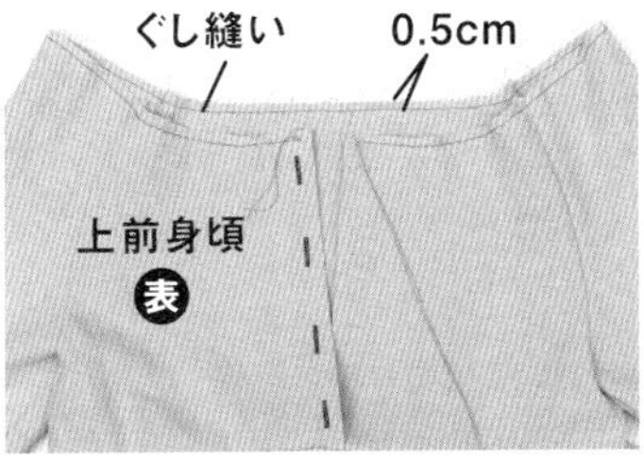

② えりぐりの端をぐし縫いでぐるりと縫う。えりぐりが①のバイアステープの長さに合う程度まで、糸を引いてギャザーを寄せる。

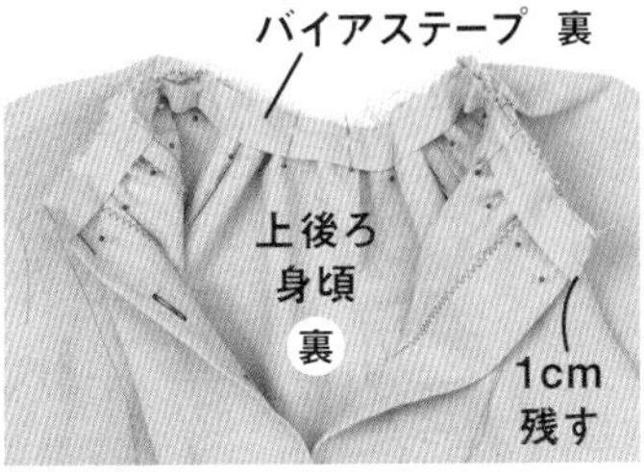

③「見返しテクニック」（⇒p.48）の要領で、えりぐりにバイアステープを中表で合わせる。その際、テープの両端は1cm余分に残す。そで山、後ろ中心の合印で合わせて、ギャザーを寄せる。

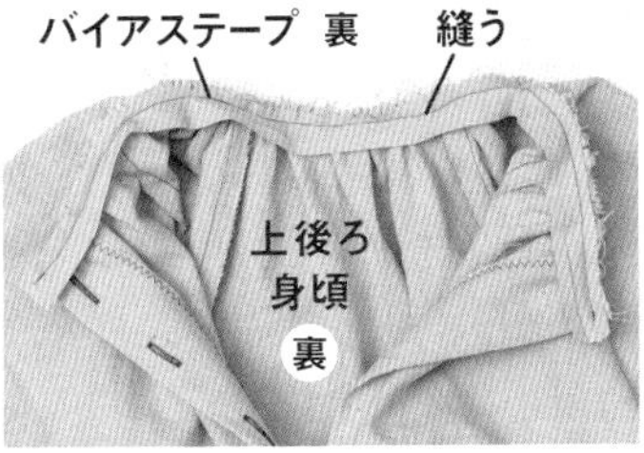

④ バイアステープの折り目の上をぐるりと縫う。

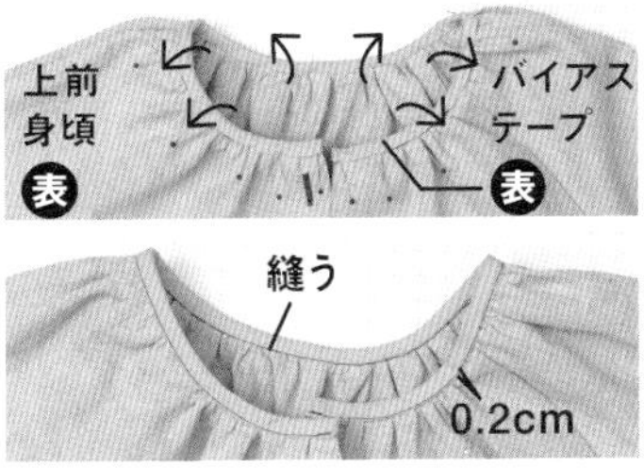

⑤ バイアステープの**両端を内側に折り返し**たら（⇒p.108 **12**-②）、テープ全体をえりぐりの表に折り返す。テープのきわを縫う。

10 ボタンをつける

2-③のボタンつけ位置にボタンを縫いつける。

清松加奈子　Kiyomatsu Kanako

デザイナー。熊本県天草生まれ。バンタンデザイン研究所在学中からインディーズブランド kanako inoueとしてデザイン活動をはじめる。1998年中国北京へ渡り、中央民族大学へ留学。日本帰国後、2014年よりオリジナルブランド canaco_ を、2019年よりKAAMをスタート。またその傍ら、手縫いやものづくりの楽しさを多くの人に伝えたいと、リメイクレッスンや手縫い教室を開催している。『まいにちスクスク』（NHK）などのメディアでも活躍中。
https://canaco-shop.com/about/

〔制作協力〕 廣瀬美和

〔材料協力〕
◯ CHECK &STRIPE
http://checkandstripe.com
＊ p.19 C&S フレンチコーデュロイ（マスタード）、p.23 C&S ギンガムチェック（マスカット）／C&S 海のブロード（ミンティー）、p.28 C&S フレンチコーデュロイ（スモークグリーン）、p.29 C&S フレンチコーデュロイ（ダークネイビー）

◯ fabric bird　Tel. 087-870-3068
https://www.rakuten.ne.jp/gold/fabricbird/
＊ p.16 リトアニアリネン薄手カラー無地（17）、p.18 シャギー起毛チェック（2）、p.19 リトアニアリネン薄手カラー無地（20）、p.20・27 リトアニアリネン薄手カラー無地（19）、p.22 くったりリネンコットン（2）、p.25 カラミストライプスノーカットドビー（1）

〔撮影協力〕
◯ finestaRt　Tel.03-5734-1178
東京都目黒区碑文谷 4-6-6

〔スタッフ〕

撮影	masaco
デザイン	ME&MIRACO（塚田佳奈、清水真子）
スタイリング	鈴木亜希子
ヘアメイク	オオイケユキ
モデル	ビルソン・エレン［身長 90cm］ ステンベルジェ・マリオン［身長 94cm］ ティー・クロエ、フカガワ・ノア［身長 99cm］ （以上 Awesome Inc.）
イラスト	黒田愛里
製図・トレース	藤城義絵
編集	株式会社スリーシーズン（土屋まり子）

はじめてさんでもおしゃれに作れる　子ども服の教科書

2021年３月５日　初版発行

著　者　清松加奈子
発行者　富永靖弘
印刷所　公和印刷株式会社

発行所　東京都台東区 台東２丁目24　株式会社 新星出版社
〒110-0016　☎03(3831)0743

ISBN978-4-405-07329-6